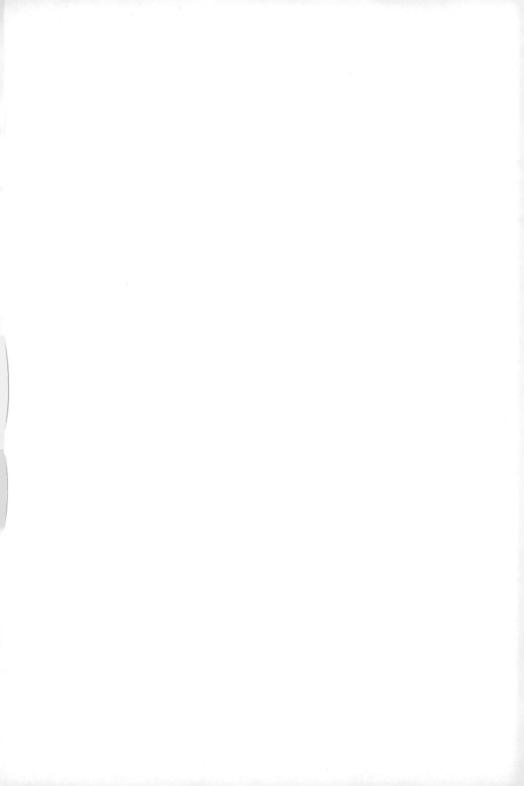

積善

生命的改變，始終源於心念

許峰源 著

目錄
CONTENTS

第二部 積善的練習——財富

第三部

積善的練習——家庭

第四部 積善的練習——緣分

〈自序〉

我不積財也不積名，只是積善

謝謝你願意在茫茫書海之中，拿起你手上這本書，這代表我們彼此有著難得的緣分，這是一件好事。

這本書是我的第六本書，我取了一個很平凡、很平淡，卻是我改變生命、內心光明力量根源的書名——《積善》。

基於這難得的緣分，我想跟你分享一個小故事。

不要分心，做內心覺得應該做的事，一直做、一直做就對了

二〇〇一年，十八歲的我，從新北市立三重高中畢業，應屆考取了國立臺灣大學

法律學系，這在當年是第一類組的第一志願。

這爲我的母校創下了空前的紀錄，因爲，我是第一屆的學生。

老師們爲了給學弟妹鼓勵與樹立榜樣，立刻邀請我回母校三重高中演講分享。邀請當年考上好大學的優秀學長姊回母校演講，這在各個學校都是一件很平常、很理所當然的事情，對當時志得意滿、少年得志的我而言也是。

沒想到這個平凡的開始，卻也開啓了我的一段不平凡的生命歷程。

從我二〇〇一年以大一新鮮人的身分回母校演講，接下來的每一年，我都受邀回去演講。一年一年過去，一直講、一直講，直到今年二〇二一年一月八日，已經是我連續第二十一年回到母校與學弟妹演講分享，從十八歲的我到三十八歲的我……

從大學新鮮人、考取律師、創辦律師事務所，到放棄律師成爲專職作家，我的母校三重高中見證了我生命每一關鍵時刻的改變。

或許我的身分不斷轉變，或許我擁有些許的名氣與影響力，但我依舊是每一年回到母校三重高中與學弟妹分享的那個平凡的許峰源學長。

二十一年過去了，這件簡單平凡的好事，我不知不覺、一步一步地做了二十一年，慢慢地，也有了些許不平凡的意義與力量。

身爲作家，或許我沒有過人的天賦，但一直都很努力。我從不走捷徑，但腳踏實地，一個字、一個字地寫著，一場演講、一場演講地講著。

這世界上成功的路或許有千萬條，但我只走那條看上去笨、實際上踏實的路。

我永遠謹記所有三重高中的老師和學弟妹都看著我、關注著我，我必須好好做人、做事，好好走路，不能辜負所有曾經幫助過我的人、信任我的人。

我始終提醒自己，不要分心，專注做內心覺得應該做的事，一直做、一直做就對了。

這是一種性格、一種堅毅，也是一種願力。這一切的驅動力量，都是根源於我內心深處不斷湧現的光明心念。

積善，也會遇到壞事，但一定有好結局

曾經，因為父母罹癌早逝的遺憾，我對於生命抱持著很悲觀的態度。

我貧困的童年激勵著我，只要我們長大後，賺了很多很多的錢、成為很有很有名的人，我們就會像童話故事的主角一樣，從此過著幸福又快樂的生活。

但父親在我二十五歲時去世，母親則在我二十七歲時過世。父母親相繼罹癌去世，讓我深深體悟到，無論我這輩子賺到再多的金錢、贏得再大的地位，我都無法平

靜地面對生命的無常與苦厄。

原來，我們從小到大用盡全力追逐的金錢與地位，在生命的無常與苦厄面前，顯得如此不堪一擊。

但是，如果金錢與地位如此不堪一擊，請問，我們能夠憑藉什麼好好地活在這個世界上？

曾經我苦苦追尋，卻找不到任何答案。

後來我在易經．坤卦〈文言傳〉找到了這句話：「積善之家，必有餘慶。」剛開始看到這句話，感覺平淡無奇，但內心有種難以言喻的隱微感受，驅動著、指引著我開始寫下一篇又一篇文章、接下一場又一場的演講，去幫助、影響越來越多的人。

就在我一個字、一個字地寫著，一場演講、一場演講地講著的過程中，無數讀者回饋給我的正向力量，引領著我參透了「積善之家，必有餘慶」的深意，也找到了答案。

「積善之家，必有餘慶」之所以不是寫成積善之家，必有大慶、中慶或小慶，而是必有「餘」慶——剩餘的餘——這裡頭的意涵是：行善積德，不代表一輩子都不會遇到不好的人事物，但最後的結局一定是好的。

這帶給我很大的希望與信心，讓我無論身處任何挑戰、低潮、艱困之中，永遠不失去盼望；我相信再大的逆境，都是一時的，最後的結局一定是好的。

原來，積善最大的報酬，並不是財富或地位，而是讓我們擁有一顆平靜的心。一顆無論在生命的順境、逆境、無常與苦厄之中，始終保持平靜的心。

當我們的生命無可避免遭遇到無常與苦厄侵襲的瞬間，我們能仰賴的不只是銀行裡的存款，而是我們會相信，過往累積的善行將會平靜地帶領我們度過這一切，甚至是生命最後的死亡，也就是所謂的善終。

這個珍貴的生命體悟改變了我的生命，讓我腳踏實地、不再動搖地走在命中注定的人生道路上。

當我一直寫、一直寫，完成了破百萬字的寫作，當我一直講、一直講，完成了超過數百場的演講後，慢慢地，不可思議的事情發生了。

積善，轉化生命的鑰匙

當我的文字和無數與我有緣的人產生正向的生命連結時，我發現內心浮現的善念變多了，慢慢感受到自己很自然更願意去與學生、讀者分享我的生命體悟；哪怕再偏遠的學校、再辛苦的路途，我內心少了許多掙扎、功利算計，負面的情緒就像一縷淡淡的浮雲，雖然偶然浮現、飄過，卻再也無法遮蔽我內心太陽閃耀的光明力量。

當我們的內心善念變多了，惡念就少了，這是很自然的現象，光明與黑暗是無法並存的。

積善，是如此地平凡，是如此地老派，卻是超越頭腦思考、自我生命轉化的樞紐。

當我們不斷走在積善的人生正途上，便會慢慢感受到心境的轉化，不再盲目追求外在世界的認可，逐漸找回內心的淡定與從容。因爲我們明白這一切與別人無關，只跟自己的心境有關，也就是我們到底想要成爲一個什麼樣的人。

當我們的善行累積到某個神祕的臨界點時，我們只會變得更加平凡，因爲我們終於明白，原來幫助別人最大的回報，就只是讓我們更願意幫助別人，如此而已。

在這本書裡，我只是與有緣的你分享三十個平凡的小故事，而「積善」便是每一個故事背後的核心思想。

謝謝你耐心看完這篇序文，哪怕只有一句話能夠進入你的內心，都是難得的好緣分，都是一件好事，平凡、簡單，卻蘊藏無限可能。

我的生命不是往好的方向走，也不是往壞的方向走，而是往善的方向走。

我不積財也不積名，只是積善。

我的生命的改變與轉化，就從積善的心念開始；我這一輩子所能達到的任何成就、能走到多麼深遠的路，也都根源於「積善」兩個字。

第一部

積善的練習
自我

風平浪靜學開船

如果今天我們要學習開船，新手菜鳥的我們會選擇在風平浪靜的時候，還是一開始就選擇在颱風天暴風雨的時候呢？

這是很多人談到所謂的正向思考的盲點。

一般來說，會特別提到正向思考這件事時，我們早就已經身處在逆境之中了。然而，一個毫無接受過心的鍛鍊的人，如何能夠突然在負面情緒籠罩的情況下，熟稔、輕鬆地運用正向思考呢？

一個從來沒有開過船的人，即使讀過再多航海駕駛的指導手冊，在颱風來襲的茫茫大海中，突然把船舵交到他的手上，是非常危險的，那些指導手冊幾乎派不上用場。

同樣地，一個從未鍛鍊過自己內心的人，即使讀過再多正向思考的書，在逆境風暴來襲的瞬間，也難以發揮正向心力與智慧。

我們必須在風平浪靜、無所事事的平日，就開始鍛鍊自己的心。

不反應的練習

當我們獨處時，試著覺察內心一個又一個不知從何而來、也不知道往哪裡去的念頭。我們要練習無論這些念頭的內容是什麼、講了什麼故事，都不需要去反應，練習提醒自己，念頭只是個念頭，我不是念頭，念頭也不是我。

就像我們在電影院看電影時，無論銀幕上正在播放的電影情節再吸引我們，我們都知道，當自己可以看著一樣東西，那個東西就不是我。所以只要我們覺察自己只是在看電影，就知道電影只是電影，就知道自己不是電影情節，電影情節也不是我。同樣的道理，當我們可以用心看著念頭，就能夠覺察念頭只是念頭，我不是念頭，念頭也不是我。

慢慢地，我們會體悟，一個又一個的雜念，就像泡沫一樣虛幻。

這個平日無事獨處的練習非常簡單，卻非常重要，因爲它將建立我們正確看待內心浮現的無數念頭的信念與智慧。

當我們離開家門與外界的人事物接觸互動時，或許想要分析或評論，或許被人批評或稱讚，我們的內心就會開始浮現更複雜的念頭。在夾雜情緒後，念頭的力量就會被放大，這時我們要對這些念頭不反應的困難度就會大幅提升。

我們能否做到一個又一個不反應的練習，取決於平日無事時、遇到生活瑣碎小事時的心的鍛鍊。

當我們看一件事情或一個人不順眼，請放下內心想要批評的念頭，試著練習不反應。

當別人談論到我們知道的一件事情，請放下內心想要分析、評論、大放厥詞的念頭，試著練習不反應。

當別人批評我們的時候，請放下內心想要辯論、辯解、反駁的念頭，試著練習不反應。

當別人稱讚我們的時候，請放下內心覺得舒服、虛榮、驕傲的念頭，試著練習不反應。

念頭、情緒都是存在的，只是我們練習不反應，不講出負面言語、不做出負面行為，我們只是與念頭、情緒和平共存，彼此靜靜地待著。

練習不反應，不是指我們只能像個木頭人一樣呆滯，而是我們正在鍛鍊自己的心，鍛鍊自己能夠超越內心浮現的念頭、情緒與衝動。這是我們能否戰勝自己、超越自己的關鍵。

不隨虛妄的念頭起舞，終能超越

我們的心非常複雜、玄妙，會浮現無窮無盡無數的念頭。有壞的念頭，自然就會有好的念頭，然而，只有當我們能夠穩定自己的心，不被負面的念頭與情緒綁架，能夠放掉它們，我們才有機會能夠洞察正面的念頭與情緒，並依循著、順著正面向善的驅動力量，去講出有意義的話語、做出有意義的行爲。

不用擔心，我們每個人都做得到的。不用太過緊張或用力，只要練習著不反應，先從專注自己的呼吸、練習著閉上嘴不說話就好。

靜靜地、耐心地等待，過一段時間後，原本的衝動情緒會降溫，原本看似頑強的念頭會逐漸淡化，甚至消失得無影無蹤，再一次證明念頭虛幻的本質。

透過這樣日積月累的經驗、體驗、體悟，我們會更加堅定相信，那些忽東忽西、天南地北、天馬行空的念頭，那些想要分析、評論、批評、煩惱、焦慮、恐懼、憤怒的衝動念頭，都只是念頭，都是虛幻不實的。我不是念頭，念頭也不是我。

反覆、持續、耐心的練習，會逐漸建立我們正向的習慣，強化我們內心的信念。

我們知道自己阻止不了颱風天的來襲，也無法控制颱風趕快離開，但我們也知道颱風總會過去的。我們知道自己無法決定負面念頭的來襲，也無法對抗、控制負面的念頭，但也知道念頭總會過去的，只要我們靜靜地、耐心地看著，不去反應，不被念頭的枷鎖拖去講出不好的話、做出不好的事，終究，我們一定能夠超越念頭的。

只有當我們從現在此刻開始練習，並從一次次失守的挫敗中，一次次重新來過，不用責備自己，我們都是平凡人，我們會從一次次練習中，體會自己的脆弱，也見證自己的強大；我們會慢慢地汲取自我內心太陽的光明力量，無論暴風雨再大，太陽一直都在，雨過總會天晴的。

在負面念頭與情緒來襲時，過往無數次的心的鍛鍊，讓我們能夠專注在自己的呼吸。我們知道這時候的自己不負責反應、不負責急著講話、不負責急著做什麼，只要專注在自己的呼吸，不難，只要閉上嘴就好。

只有當我們能夠在負面念頭與情緒風暴籠罩時，依舊維持著不反應的穩定心，我們過往讀過的正向觀念的念頭才有機會浮現，我們才能洞察事物發展的另一種正向可能，才能耐心等待光明智慧的念頭與情緒升起，就像等待雨過天晴後的太陽。

淺語的藝術

自從成為作家，閱讀幾乎是我從早到晚的工作，也明白了什麼叫作手不釋卷。海量閱讀之後，我自認為讀了很多書，懂了許多事情。博古通今，很自然就想要在自己寫的文章中，展現所謂的深度。

我看遍古今中外經典。包含四書五經、老子、莊子、易經等，甚至還包含佛經、聖經、古蘭經等宗教經典。當我在文章中引用經典的名句時，就覺得自己好像很厲害，很有學問。

當獲得負面回饋，也就是讀者說看不懂時，我還傲慢地回覆：「你應該回家多念點書，我的文章必須要有點程度才能眞正讀懂……」

直到有一天，我讀了林良先生的《小太陽》，內心感到難以言喻的震撼——一個人怎麼有辦法用這麼淺顯的文字，表達那麼質樸卻深刻的情感……

找回寫作的初衷

後來我深入了解林良先生才發現，原來他得過多次中山文藝獎、國家文藝獎、金鼎獎，還擔任國立編譯館國小國語教科書編審委員……這在在證明林良先生的文學底子非常深厚，但他卻選擇用最淺顯的文字寫故事給無數的孩子閱讀。

可是，淺顯的文字怎麼能展現自己的深度學問呢？我心裡感到很困惑。

林良先生說過：「我年輕的時候，對『人』有很濃厚的興趣，喜歡跟『人』接近，喜歡跟『人』談話。這種興趣的無限膨脹，使我有機會接觸到平日不太受人注意的另外一種『人』，那就是小孩子。『人』是可愛的，但是『小孩子』是可愛的人群裡最可愛的。我結交了不少可愛的小朋友。跟小孩子交往是要進行『故事交換』的。我爲小朋友講故事，他們請我吃東西。我幾乎相信一種最愉快的行業是可以成立的了。不停地爲小孩子寫書，我終於完全相信我已經走進了某一種愉快的行業。這行業，雖然並不像當初所想的『拿故事向孩子換麵包』的純眞無憂，但是確實能使我在辛苦工作的時候心裡有幸福的感覺……」

心裡有幸福的感覺啊……讓我再一次陷入疑惑之中。

這段話我反覆讀過幾十次，每次咀嚼都有不同的體悟與感受。這看似平凡的心境敘述，卻隱藏著深刻的生命經驗，若有似無地指導、指引著我。

我爲自己每一天的寫作感到幸福嗎？我的文字有帶給讀者幸福嗎？我的讀者在我心中有什麼樣的意義？我們之間的關係是交易、銷售量，還是生命緊緊連結的眞誠朋友？

更深刻的生命疑問是，我的存在本身在無數讀者的心中，有著什麼樣的意義呢？

我把林良先生幾乎所有著作都買回來看完後，被他一本本書中淺顯、簡樸、眞摯的文字一再震撼心靈，內心逐漸浮現了一些有意義的暗示。

原來，過去的我只是在賣弄淵博的學識，想要讓讀者覺得我是一個很有深度、很厲害的人。這是一種自私自利的專業傲慢，早已失去了寫作最原始的善良初衷。

我突然覺得自己很幼稚，原來我自以爲的學識淵博，只造成了我與讀者的距離，我的文字根本進不了讀者的心中。

身爲作家，如果我的文字無法進入讀者的內心，無法與他的生命產生共鳴與觸動，那我寫得再多，其實也只是廢話，不過是在紙上印上墨水罷了。

我陷入某種疑問的沉思當中，像是掉入自我反省的迷宮，卻又沒能找到出口。

直到有一天，我路過龍山寺捷運站外，在秋高氣爽的傍晚公園裡，四處都是三三兩兩的流浪漢，或坐或臥，或醒或睡。

引起我注意的是，有幾位流浪漢大手一攤，正聚精會神看著路人丟棄的報紙。

我心想，只要是人，其實或多或少都有閱讀的欲望，如果我的文字能夠讓他們也看得懂、看得下去，甚至能夠觸動他們的心，產生某種正向的啓發與力量，那會是多好的緣分啊。

這也讓我想起自己的阿爸與阿母，他們沒有受過正式的學校教育，都是自學，所以識字能力有限，與過去那個年代很多社會底層的人一樣；雖然現在義務教育普及化了，但在社會底層依舊有很多人在智識、學識上有某種程度的斷層。

如果我的文字，連阿爸、阿母跟與他們出身類似的人，都能看懂、看得入心，那會是多好的緣分啊。

我們的社會不是只有金字塔頂端的菁英分子，其實，社會底層的平民百姓才是眞正形塑社會的主要力量，我們每一天的食衣住行，都是由無數平凡的無名英雄所貢獻的。

他們才是這個社會生活與運轉的主角，也是我的文字應該去打動與影響的人。因爲當我的文字可以帶給他們啓發與幸福時，這個社會也才有可能因爲這一個個好緣分而變得更好。

我體悟到，眞正有本事的作家，不是靠賣弄複雜的名詞和文句，而是能夠用最簡單淺顯的文字，表達深刻的情感與有益於讀者的智慧。而這個淬鍊的過程，也是眞誠與自信的累積。

唯有眞誠，才能簡單；唯有自信，才能淺顯。

從那一天起，我開始盯著自己、克制著自己，鍛鍊自己使用極爲淺顯卻質樸的文字，來表達具有正向意義的故事與思維。

爲了鍛鍊文筆，我開始在閱讀書單中排進一本本小說、故事、童書等，讓自己的文字可以洗鍊到國小畢業程度的人都能看得懂、看得入心。

我的文章不再引用經典的文句，不再賣弄學問，而是回歸內心的初衷，期盼自己的文字可以滲透到社會的每個角落，來幫助、影響更多的人。

我眞誠希望社會任何階層的人，哪怕是計程車司機、美食街的清潔人員、建築工地的工人、資源回收的清潔隊員、踩著三輪車的臭豆腐攤販，甚至是流浪漢，都可以輕鬆看懂我寫的文字，對我所傳遞的正向思維產生共鳴與連結。

社會底層小人物的心境，我懂；他們的處境，我理解；他們的悲傷，我也能產生共鳴——因爲，我自己也是臭豆腐攤販的兒子啊！

我從來不以社會底層的出身而自卑，反而覺得是一種緣分、一種榮耀，因爲我這輩子拚來的一切，都有自己的血汗；更重要的是，我與無數平凡小人物的生命有著有形、無形的緊密連結。

現在的我，每天依舊讀著一本又一本古往今來的偉大經典，但我讀書已經不再畫重點、做筆記，也不再依賴名言佳句，而是把閱讀到的一切消化融入我心，然後將內心直覺的感受與體悟，寫成淺顯、質樸、真誠的一字一句。

林良先生的人格風範對我影響很深。

原來，人真的可以一輩子專注做好一件簡單的事情，做好一件可以帶給自己與無數人幸福的事情。

林良先生在《淺語的藝術》裡寫道：「『淺語的藝術』是我對兒童文學所下的定義。『淺語』是指兒童聽得懂、看得懂的淺顯語言。文學創作是一種藝術。所以，以淺顯的語言來從事文學創作，就是一種『淺語的藝術』……我問過我自己：『我的這一番思索的意義是什麼？』幾乎同時我也找到了那答案。那答案，也就是我心中的一首簡短的兒歌：『那答案，很簡單，小孩子，要書看！』為了希望有更多的人為小孩子寫書，為了希望小孩子能有更好的書看，所以我不停地思想。」

感謝林良先生，因為您，我不停地思想，為了讓更多需要我的讀者有好書可以看，為了讓更多的讀者因為我的文字而感受到幸福與好好活著的力量。

歷經十幾年作家歲月的此刻，我的文字一點一滴滲透到社會各個階層與角落，啓發、影響著無數與我有緣的讀者，我似乎也一點一滴感受與體悟到，您所謂的幸福了。

二〇一九年十二月二十三日，永遠的小太陽——林良先生——以嵩壽九十六歲去世了。

林良爺爺永遠活在無數孩子的心中，包括你我，因爲我們都曾經是最可愛的孩子，是那用故事與林良爺爺結交的好朋友，而且直到現在，我們每個人的內心深處，都還住著當初那個充滿光明力量、善良純眞的孩子。

活在市井百姓的心裡

如果你問我，成爲作家這麼多年，最大的成就是什麼？

我會回答，我很榮幸自己活在無數市井小老百姓的心裡。

臺北市南海路有一間店面不大，卻遠近馳名的老熊牛肉麵店。這家牛肉麵店是幾十年的老店，過去也曾獲得牛肉麵節比賽的大獎，現在逐漸由第二代的奕君接手這個好味道。

我到這家店吃麵也十幾年了，是我最愛的牛肉麵店之一。記得我民國九十四年剛考上律師時，應徵到重慶南路三段的旭婷聯合法律事務所當實習律師，開始跟隨實務經驗豐富的劉師婷律師學習。

我們事務所有個特別的規矩，新進的夥伴要替大家買午餐。我第一天上班，這個差事當然輪到最菜的我負責。那天我印象深刻，法務助理學姊在紙上畫出一份地圖

（當時還沒有Google Maps），要我到南海路一間老熊牛肉麵幫大家買午餐。

她帶著些許神祕的語氣說：「這家牛肉麵超好吃，眞的，你一吃就會上癮！」

果不其然，自從第一次吃到老熊牛肉麵，我就愛上這個濃郁牛骨湯頭、帶著些許甘甜的味道了。直到今天，因爲女兒每個星期六在附近的雲門舞集舞蹈教室上課，所以我每個星期幾乎都還會去吃。

不是活在大人物的嘴裡，而是活在小人物的心裡

有一天，我又來到老熊牛肉麵店吃麵。一如往常，我點了小碗紅燒牛肉麵細麵（還有另一種是粗的家常麵），然後走下地下室的座位區，拿了我最愛的豆乾海帶滷味拼盤（這個滷味搭配店裡特製的辣油，眞的、眞的很好吃！），等著麵送上來。

沒多久，老闆端著熱騰騰的牛肉麵走下來。讓我嚇一跳的是，除了牛肉麵，還有一大盤的燙青菜。

我說：「老闆，不好意思，我沒有點燙青菜。」

老闆說：「許老師，沒事，這不用錢，是我請你的。」

老闆看著我疑惑的表情，開心豪氣地說：「我在電視上看到你的專訪，也有在

YouTube聽到你的演講，眞的很感動，那天還專程去書店買了你的著作，看了好幾本後，更敬佩你了。我覺得你在做對的事情，現在的社會需要多一點像你這樣的人。煮麵對我來說是小事，能夠招待你，我很開心，也很榮幸。」

我內心感受到一股暖流，很感動。雖然只是一碗牛肉麵、一份燙青菜，但我感受到自己做的事情被肯定，知道自己一直在做對的、好的事情，更重要的是——有人，而且是越來越多人也感受到了。

吃完麵，老闆堅持不收錢，我不好意思，跟老闆說：「這樣我下次就不敢來了，而老熊牛肉麵是我最愛的味道，如果因爲這樣不能來，我會很難過……」

後來，我們達成小小的協議，就是：麵錢照收，但燙青菜不收錢。

自從那一次後，只要我到老熊牛肉麵店吃麵，老闆一定會送上一大盤燙青菜；有時，我還會發現，老闆會不小心在麵裡多放好幾塊牛肉……

有一天，吃完麵後結帳時，我向老闆表達心中的感謝與不好意思，老闆卻跟我說了一段讓我感動、印象深刻、充滿智慧的話：「許老師，我只是一個開牛肉麵店的平凡人，或許不是什麼大事業，也幫不到很多人，但你正在做的事情可以幫助、影響到很多很多的人，所以我認爲，如果你可以在我這邊吃得飽、吃得好，就能夠去幫助、影響更多人。這樣一來，我也會感受到自己的小生意很有意義，因爲透過你，我會覺得自己好像也幫助了很多很多的人。」

在社會底層生活的小人物，或許不像大人物一樣讀很多書、做很大的事業，但他們活得比較眞實，沒有過度的裝飾或僞裝，也比較能夠發自內心去敬重一個人，尤其是感受到對方是眞正在做一件超越個人利益的好事時。

因此，這麼多年來，我最榮幸的是自己不是努力活在大人物的嘴裡，而是能夠眞誠地活在平凡小人物的心裡。

當我們能夠專注去做內心覺得應該做的事、能夠超越個人利益去做一件好事，只要持續一步一步走下去，就會逐漸感受到來自四面八方、源源不絕的人來幫助我們。因爲好的起心動念擁有的無限感染力量，會讓他們感受到對於這件好事能夠幫上一點點忙、盡一點點力，自己等於也間接幫助到很多人，原本自己平凡的存在就能因此轉化爲不平凡的意義與力量。

從那次談話後，我開始比較願意坦然接受老闆的心意，也以開放的心去接受無數人對我的支持，或許這也是某種幫助別人的緣分。

而且我體悟到，我眞正應該回報的，是帶著無數人的善意大步向前，在作家這條路上走下去，專注、持續地透過文字與思想去幫助、影響更多人，我們彼此的生命就能因此深深地緊密連結，一起爲這世界綻放無限光明的力量。

這世上任何的大好事，都是從這樣一條一條小溪、一條一條小河慢慢匯聚，最後成爲廣闊的大江，甚至是一望無際的大海。

每個人都不應該小看自己，要相信自己內心都有一顆充滿向善力量的太陽，只要專注地做內心覺得應該做的事，堅持努力走下去，一定能夠感染、喚醒無數有緣的人。當大家內心的太陽一起融入、匯聚、綻放光芒時，我們就能一起改變世界，照亮世界的黑暗。

只有簡單，才能眞實，才能撼動人心

我的大女兒虎妞上小學二年級時，老師選派她代表班上參加說故事比賽。這是虎妞第一次參加競賽，雖然獅子座的她活潑外向，但要參加比賽還是不免緊張。

我們全家一起挑選了虎妞從小最喜歡的故事作爲比賽的題材。

這個故事是知名童書繪本作家賴馬的作品——《愛哭公主》。我相信數以萬計的孩子與家長都聽過《愛哭公主》的故事，因爲這本繪本實在太暢銷了。

我們全家陪著虎妞日以繼夜地練習、演練，甚至到後來，連幼稚園小班的小女兒心心都會背了。

《愛哭公主》的故事中，有一個小橋段：愛哭公主的媽媽教她在生氣時，可以念一段咒語讓自己慢慢冷靜下來：「深呼吸，一二三，怪怪東西看不見，哭哭臉變笑笑臉。」

我覺得我們家虎妞念這段咒語時，可愛的聲音搭配甜美的笑容，真的很有亮點與魅力。

後來聽虎妞描述，正式比賽時，當她念出這段咒語，底下的評審都笑了，連後面所有參賽同學都跟著她一起念。

很驚喜地，虎妞獲得了那次全二年級說故事比賽的冠軍。

現在虎妞升上了三年級，不意外，老師依舊選派她代表班上參加說故事比賽。二年級時她雖然贏得冠軍，但現在三年級的她已經從低年級升到中年級，要用什麼樣的方式呈現現在的她呢？還是只打安全牌，沿用過去贏得比賽的哏就好了？

這讓我想起了自己從小參加演講比賽的故事。

上課愛講話，卻成為演講高手

我從小就是一個很愛講話的小孩，尤其喜歡在上課時偷偷跟同學聊天。

當然總是會被老師抓到，但老師點我站起來回答剛剛上課的內容，我的小聰明卻又都回答得出來。

後來老師就把我調到講桌前第一個位置，抬頭只看得見講桌，要看黑板還得要歪頭才看得見。

老師原以爲這樣的處罰，就會讓我反省，不在上課時講話。

沒想到，我還是會轉過頭，跟旁邊或者後面的同學講話。

老師一氣之下，把我調到教室後面的垃圾桶旁，一個人坐。

沒想到……我還是偷偷講著笑話，讓後面的同學一直笑、一直笑。

這下子老師眞的生氣了。

「許峰源，爲什麼你不能下課後再跟同學講話，偏偏要在上課時一直講呢？」老師氣呼呼地飆罵著。

「因爲……下課只有十分鐘，很珍貴，同學一下子就跑出去打球了，就沒有人聽我講話了啊……」我有點調皮、撒嬌地回答著。

「你這小鬼……既然你這麼愛講話，那我就派你代表班上去參加演講比賽，有本事就拿個冠軍回來。」老師又好氣又好笑地說。

其實我的小學老師劉廣國非常疼愛我，雖然他在各方面對我要求很高，但有時又會像慈父一樣寬容。

因爲我的阿爸阿母幾乎不會講國語，只會講臺語，我眞正的母語是臺語，因此，我就選了閩南語演講比賽參賽。

經過認眞的練習，我沒讓劉廣國老師漏氣，還眞的拿了全校閩南語演講比賽的冠軍！

接著，我代表三光國小參加全三重市的市賽。這次比賽的規模就大很多，是由幾十所小學的菁英參賽。

按照往例，我開始接受學校正式的演講訓練，我的演講啓蒙老師是張淑珠老師。在張老師的嚴格調教下，我不負衆望，拿下全三重市閩南語演講比賽的第二名，取得代表三重市參加全臺北縣的縣賽資格。

這在當時的三光國小是一件大事，因爲已經很久沒有學生可以闖過市賽，衝進全臺北縣的縣賽。

所以全校動了起來，刻意安排各種場合讓我上臺練習，甚至後來連朝會升旗典禮，也刻意讓我一次又一次在全校師生面前鍛鍊膽量。

經過幾個月的特訓，我再一次不負全校老師的期望，拚下了全臺北縣閩南語演講比賽的第二名，這也打破了三光國小及三重市的紀錄。

從那刻起，我成爲學校的風雲人物，也多次代表學校參加校外各種演講比賽，還上過地方第四臺節目表演。後來升上國中也是，而我也一再拿下好成績。

直到我升上高中，事情有了不一樣的轉變。

跳脫框架的真實自我，才能感動人心

記得在一次偶然的機會中，我看到美國人權運動領袖金恩博士撼動人心的演講影片，只有短短四分多鐘，卻讓我留下極爲震撼的印象——一種被打到內心深處、難以用言語表達的感動。

我內心不斷湧現疑惑：怎麼跟我過去學到的技巧、裝腔作勢的語調與動作都不一樣？怎麼可以如此撼動人心？原來，這才是眞正的演說啊！

後來，如過往一樣，老師知道我過去參賽的豐功偉業，自然選派了我參加校內演講比賽。

老師與同學都預期我會拿下第一名，因爲參照我以往的比賽經歷，校內比賽的規模小上許多。

但這次比賽對我有著很不一樣的意義。

我知道，繼續沿用過去的演講模式，也就是符合各種達標得分的技巧，我一定可以拿下第一名；但我不想再被過去的成功框架綁住，我想要做自己，想要完成一場撼動人心的演講，一場眞正的演說。

內心這股想要突破與改變的衝動，終究衝破了我怕輸、怕丟臉的負面情緒……

比賽結果出爐——我輸了，只得到從小參加比賽最差的第四名，而且是校內賽的第四名。

但是，這個第四名對我的一生意義非常、非常重大！因爲，從那一刻起，我掙脫了框架的束縛，擺脫了制式評分的標準，體悟、感受到什麼才是眞正的演說！

我永遠記得那次比賽後，有一位評審老師私下跟我說：「峰源，你的演講眞的很特別，我聽完後很感動，有一種說不出話來的感受。但這是比賽，有一定的規則，所以我不能把第一名給你，可是，老師希望你繼續走下去，做你自己！」

感謝老師的鼓勵，感謝這次表面上的失敗，造就了今天的我。

一場撼動人心的演講，需要的不是裝腔作勢、不是虛僞包裝，而是眞實。唯有眞實表達內心、表達自我，去除無謂的修飾、多餘的一切，才能衝破人與人之間的阻礙，直指彼此的心，讓心緊緊連結，產生情緒共鳴與力量。

我跟虎妞說：「妳現在已經是中年級生，長大了，或許無法再像低年級的妳一樣裝可愛；但，妳可以選擇做自己、表達眞實的自己。」

虎妞接受了我的建議，我們一起挑選了「世界知名蚊帳大使凱薩琳」的故事。

這個故事幾乎沒有手勢，沒有可愛的表情，當然也沒有吸睛的咒語，它描述了善良的五歲女孩凱薩琳如何拯救非洲數百萬名孩子。

在練習過程中，我讓虎妞捨棄多餘的一切，包括誇張的手勢及語調，只要她好好去感受善良的凱薩琳帶給她的感動，並用這個感動好好地說一個感人的故事。

因爲若想要說出眞正感人的故事，這個故事必須先眞正感動我們自己。

虎妞一直練習，一直練習……

直到有一天，她講完故事後，我跟老婆還有心心，三個人一時都說不出話來，甚至忘了按下暫停計時錄影的手機按鈕，客廳裡只剩下一片靜默……這一瞬間，我內心很激動、感動，因爲我知道虎妞做到了，她眞正地做了自己——她講出口的故事很簡單、很眞實，感動了她自己，也感動了我們三個人。

不管這次說故事比賽的結果如何，哪怕不是第一名，都沒關係，我甚至會爲虎妞沒有得到第一名而慶祝。因爲從這一刻起，她將體悟到什麼才是眞正的演說，會慢慢學習成爲一位具有眞誠、擁有撼動人心力量的演說者，這遠比比賽名次與獎狀有意義太多了。

走老路，到不了更遠、更廣的新境界。

有時，我們內心會有想要改變與突破的衝動，卻不斷被過去成功的公式、世俗的規則綁架。這種掙扎很痛苦，也很珍貴，因爲這是唯有強者才有的感受，是我們內心太陽的閃耀，是探詢眞實自我的英雄旅程的召喚。

我的演講沒有搞笑的橋段，沒有灑狗血的激情。我不譁衆取寵，也不想符合世俗所謂的精采，我只是做眞實的自己。

一次又一次的練習，一次又一次的捨棄，當無謂多餘的一切像烏雲散去後，內心的太陽就會綻放光芒。

陽光普照的大地，一切是那樣清澈、明亮、簡單又眞實。

只有簡單，才能眞實，只有眞實，才能超越人與人的肉體阻礙，直指人心，在深層內心的迴響中，產生情緒共鳴，進而湧現撼動人心的力量。

接受自己本來的樣子

名叫「上惠」的大姊

送小孩上學後回家的路上，迎面而來一位大姊，長相很熟悉，很快我就認出她來。

這位大姊是我母校三重高中學務處的一位幹事，我們雖然不認識，但已經連續好幾年當我回母校演講時，她都會一再到現場聆聽，而且總是坐在第一排。

我們彼此眼神相對，她也很快認出我來。「許老師，早安，您好啊！我是您的超級鐵粉喔！」她親切熱情的笑容，讓我受到了感染，跟著笑了起來。

我停下腳步，與她聊上幾句。這時我無意中發現，原來這位大姊是一位手部略有殘疾的人士，她的肩膀有著不自然的傾斜、手肘有著不自然的彎曲。但奇妙的是，她講話的熱情與燦爛的笑容，卻總能夠吸引我的注意力，甚至幾乎感覺不到身體殘疾對她的影響。

她告訴我，她的名字叫作「上惠」，就是「上天的恩惠」的意思。她說自己好喜歡這個名字，讓她一輩子都懂得好好感謝上天所給予的一切恩惠，她對於自己的生命感到很滿足、很幸福。

「很滿足？很幸福？」她說出口的這段話，在我心中浮現一種大腦無法理解的疑問，尤其這些話是從一位身體有殘疾的人嘴裡說出的。

上惠姊接著告訴我，她一輩子沒有什麼偉大的夢想，雖然身體有些不方便，但她依舊很努力，通過身心障礙特考後，進入三重高中服務。這麼多年來，國家給她一份穩定的薪水，可以好好把幾個孩子養育長大；現在孩子們都長大了，很懂事也很孝順，再過幾年她也準備退休了。她對於這一切感到很滿足，這一切都是上天給她的恩惠。

四肢健全又熱愛運動的我，眞的很難想像上惠姊是怎麼過生活，還能養育孩子長大，是怎麼泡奶粉、換尿布、幫孩子洗澡、煮飯、洗衣服的……

沒想到，上惠姊對於我的疑惑，哈哈大笑起來。

「說眞的，我從來不覺得自己是殘疾人士，因爲我從生病後就是這樣子啦。或許我好像跟別人不一樣，但這就是我本來的樣子，眞正的我。

「至於身體殘疾對生活的影響，眞的沒有你想像的麻煩啦。很多事情久了，就會習慣的；久了，就會找到辦法的啦。一隻手，我也能幫孩子餵奶、換尿布、洗澡，我還能燒得一手好菜呢！」

那天上惠姊離去前，她臉上的笑容是我在許多有錢人或所謂成功的人臉上看不到、比不上的。

上天的恩惠……這句話一直縈繞我心。如果我的身體像上惠姊一樣有殘疾，我也能夠像她一樣對生命感到滿足、幸福嗎？還是會被抱怨、自卑情緒籠罩一輩子呢？

越想越覺得不容易，越想越覺得對上惠姊的生命觀感到敬佩，似乎上天的恩惠就是一切疑問的起源，也是一切答案的所在。

接連好幾天，「一切都是上天的恩惠」這句話，不斷在我心中迴盪著、反芻著，我持續不斷地參問這句話。

到底什麼是上天的恩惠？爲什麼生命中的一切都是上天的恩惠？

滿足的心境

後來，我向二重高中的老師們打聽得知，原來上惠姊雖然生活並不寬裕，但每學期都會至少資助，位低收入戶的孩子註冊費用，這樣的善行已經持續十幾年了。

我問上惠姊，她又一次露出那招牌的燦爛笑容，有點靦腆地說：「這沒什麼啦，這只是我應該做的事啦。我自己花不了什麼錢，錢夠用就好，能夠讓我有餘力去幫助別人，我很滿足，這都是上天的恩惠啊。」

又是上天的恩惠……

上惠姊的善良與善行，讓我慢慢參透了上天的恩惠這句話。

或許身體的殘疾在一般人眼裡，是一種很大的不幸，很多人甚至就此放棄了自己的人生。

然而，就像上惠姊，我們在某些人身上卻能看見迥異的生命視角。他們看待別人眼中的不幸與我們的生命視角很不同，當然，也就能過著截然不同的人生。

他們的身上有著很罕見、珍貴的滿足性格。

一個擁有滿足性格的人，不是抱持消極的人生觀，不是裹足不前、原地打轉停滯，而是能夠接受生命的缺陷與不完美，能夠擁抱生命中所有發生的一切，就連在不幸與傷痛的艱難時刻中，都能感受到內心微弱卻一直存在的光明力量，並洞察生命中仍然還有好多好多值得珍惜的一切，甚至在心有餘力之際，依然能夠溫暖地伸出援手幫助需要幫助的人。

現在很多人不是身體有殘疾，而是活在心理殘疾中，在自我矛盾與衝突之中煎熬地活著。

哪怕我們四肢健全、身體健康，很多人依舊認為現在的自己是不夠好的，是有缺陷的；哪怕我們過著旁人稱羨的完美生活，很多人依舊認為自己不夠完美，而想要更完美，或者可以永遠都這麼完美。

簡單講，我們很容易一直為將來某種所謂完美的自己而拚了命地活著，不願接受現在此刻的自己，看不見自己擁有的、值得感恩的一切。我們在不經意之中，過著滿是抱怨、嫉妒、自卑的心理殘疾的生活。

在上惠姊身上，我看見了自己原來那麼平凡；在她身上，我體悟了什麼叫作真正的身心健全，更看見了平實卻充滿韌性的滿足力量。

當一個人能夠接受自己本來的樣子，內心的矛盾與衝突便會慢慢淡化，不再跟自己作對。他心中會緩緩湧現一股股對生命的滿足感，他的生命視角會逐漸像天空一樣清澈、像海洋一樣開闊，他將能夠更深一層認識真正的自己，找到自己的生命定位與方向。

他不再眼高手低，不再不切實際，不再到別人的戰場上當砲灰，而是能夠在自己能力圈範圍內，設定自己的戰場，全力以赴，做真正的自己。

一個擁有滿足心境的人，在平凡簡單的外表下，內心是開闊光明的，是強大的。他們的強大不是展現在與命運的掙扎或搏鬥，而是透過某種超越理性的信仰力量，接受並相信生命中的一切都是上天的恩惠。

後來，我決定送給上惠姊一本親筆簽名書，留作紀念，以表達我內心對她深深的感謝之意。

或許我的存在對無數讀者而言，好像很有意義，好像幫助了他們、影響了他們，但其實在我內心一直覺得，是無數讀者的生命故事帶給我一個個既深刻又感動的生命體悟，而我只是一個平凡的傳達者，我們彼此的生命緊緊連結，一起溫暖這個世界。

對自己說到做到

很多人都曾經有過作家夢。

但有幾個人將內心的起心動念付諸行動，眞的寫出一本書？有幾個人眞的能夠對自己說到做到？

以前我在司法特考補習班教授民事訴訟法，專門上最難的題庫寫作班。

因爲無論律師、司法官、書記官等司法特考，在我教書的那個年代，考試最大的挑戰就是完全沒有選擇題，全部都是申論題。

考卷發下來是七頁的空白摺頁，考生必須在兩小時內把七頁的空白答案卷寫完。

當然你會問，一定要全部寫滿嗎？當然不是，沒有人規定要寫滿，只是依照過去的經驗，題目是經過精密設計的，如果你寫不滿七頁，除非特殊情況，否則你的答題肯定是不完整的——也就是說，是考不上的。

不要只是看起來很認真而已

在題庫班上課的第一天，我會把三個小時的授課時間拆成兩半：九十分鐘上課解析，另外九十分鐘直接發考卷讓學生實戰寫作。

第一次來上課的學生，對於實戰寫考卷的震撼教育，往往毫無心理準備。考卷一發下去，傻眼、發呆、抱怨、客訴……各種奇形怪狀都有。

幾乎超過九成的學生，來上課都只是期待舒服地聽課就好，根本沒有預期會直接把考卷發下來實戰寫作；更難以接受原來讀書讀了半天，竟然完全不知道怎麼下筆——實在太難堪了！

其實學生都知道，在司法特考中，所有的考題都是申論題，只能透過寫作完成全部的答題，不是單純寫出答案，而是要寫出一篇完整法律論述的文章。既然如此，寫作功力的好壞，不是重不重要的問題而已，而是關鍵的，甚至是致命的。

我在課堂上問學生，既然大家都知道寫作功力很重要，那麼大家覺得想要考上，讀書跟寫作的重要性應該各占多少？

有學生回答五五，有的回答四六，也有人回答三七……

我替大家取個中間數，就五五吧——也就是說，寫作的重要性至少占五〇%。

接著我問學生一個很尖銳的問題：「既然如此，你們過去一整年的念書時間裡，眞的有花五〇%的時間練習寫作嗎？還是考前再臨陣磨槍呢？還是到最後書根本念不完，索性幾乎沒練習寫作就直接上考場了呢？」

幾乎所有學生被這些問題一問，都愣住了。因爲我一針見血、赤裸裸地點出了他們過去念書的盲點，甚至是他們考了很多年一直考不上的原因。

超過九成以上的學生，在司法特考的準備過程中，只是不斷不斷地念書，從早念到晚，日以繼夜地念，但他們只是看起來很認眞而已……

沒有正視寫作的重要性，沒有眞正去面對最痛苦的寫作鍛鍊——不管念再多書，都沒有用。

大家可以想像一下，司法特考要從早上八點一直寫到傍晚五點，連寫三天——寫完八大張各七大頁的答案卷。要經過多少次寫作鍛鍊，才能完整地將自己的法學實力展現在這八大張考卷上？

我常形容司法特考很像古代的進京趕考，是一場超大型的作文比賽。

只念書，不鍛鍊寫作，有可能考上嗎？參加作文比賽，只是不斷閱讀範文，不鍛鍊寫作，這不是在搞笑嗎？

雖然每個考生都知道寫作鍛鍊非常非常重要，但他們就是做不到，因爲寫作太辛苦、太痛苦、太煎熬，不只是很難提起勁去做，更機車的是，想增進寫作功力不是一天、兩天，也不是三天、五天，而是要不斷不斷地持續鍛鍊，才有可能看到一點點的進步——只有一點點喔！

問題出在哪裡明明都知道，卻又做不到，這就是很多考生考了很多年依舊考不上的關鍵，也是許多人一輩子無法蛻變成功的關鍵——因為人性，敗給了自己。

我跟學生分享，當年我準備律師考試時，由學長帶領讀書會，第一次參加時，也受過這樣的震撼教育。當天一見面，學長直接發一張正式考試的模擬卷，丟下題目，要我們開始寫。

「學長，可是我不會寫……怎麼辦？」腦袋一片空白的我問。

「那你就坐著，坐兩個小時。」學長一派輕鬆，喝著咖啡回答。

從那次震撼教育後，我總算明白司法特考是怎麼一回事了。不是比誰書念得多，也不是比誰能講出一番了不起的法律見解，而是比誰可以在兩個小時內好好地把七頁答案卷寫滿、把法學論述寫完整，其他都是沒有用、多餘的。

因此，我明白，無論法學寫作這檔事再怎麼痛苦，想要考上，別無他法，只能硬著頭皮撞下去、拚下去、堅持下去。

經過數百次實戰的模擬寫作，苦練了一年多，終於讓我在律師考試的考場中，無論拿到什麼樣的題目，都能在兩小時內完整寫滿、寫好七頁答案卷，而且幾乎都是寫到鐘響的最後一刻、考卷的最後一行。最後，終於讓我在大四一畢業就應屆戰勝了律師國家考試。

我用相同的模式帶領學生。剛開始他們也像當年的我一樣腦袋一片空白，雖然有不少逃兵，但選擇留下來接受魔鬼訓練的少部分學生，逐漸熬過了最痛苦的適應期，慢慢地也能夠將所讀的法學知識完整表達在答案卷上。

果不其然，選擇留下來撐到最後的學生，就像兩棲蛙人部隊的戰士，通過天堂路考驗後，一個個都征服了司法特考的大戰，錄取率高到驚人，而且好幾位都是全國前十名。

後來我的題庫寫作班幾乎班班爆滿，有些班甚至連教室走道都坐滿了人，拿著塑膠板墊著寫作。

我認爲**人與人的差別，不在於想到了什麼，而在於做到了什麼**。

想，每個人都會，就像法律系的學生都想通過司法特考證明自己，就像開頭所說的，很多人都有過作家夢，想要出版屬於自己的一本書，卻只有極少數人能夠將內心的起心動念付諸行動，並堅持到最後。

這無關乎一個人聰不聰明、有沒有天分，而是取決於一個人的心性。

對自己誠實，與心魔直球對決

很多人以爲想要成爲作家，需要有源源不絕的靈感，以及好的文筆。這是很大的誤解，因爲就我個人的實戰經驗，靈感與文筆都是磨出來的。

或許說來讀者不相信，其實，如果認眞分析我個人各方面的能力，我自認最差的就是寫作了。

尤其當我從律師轉型爲作家，原本我只會寫訴訟狀，完全不會寫作，對於如何寫出一篇可以撼動人心的文章，毫無概念，就像當初坐在讀書會時一樣，腦袋一片空白。

但我知道，想要成爲作家，沒有別條路，躲不過也繞不開，只能靠自己寫下一字一句，硬碰硬地寫下一篇又一篇文章，才能完成一本書。

所以，除了海量閱讀，我每天強迫自己在固定時間坐在電腦前。剛開始完全寫不出來，但就這樣逼自己坐著，不管有沒有靈感，想到什麼就寫什麼，哪怕只寫一段話、一個字都好。我告訴自己，一直寫、一直寫就對了。

就這樣，我慢慢地完成了一篇又一篇文章。剛開始兩個星期寫一篇，漸漸變成一個星期寫一篇；之後慢慢爬升，變成一個星期寫兩篇。

這樣的鍛鍊，我足足堅持超過十年。爲了專注成爲專業作家，我放棄了律師執業，毫無保留，義無反顧。

從二〇一〇年的《年輕不打安全牌》，二〇一四年的《心的強大才是眞正的強大》，二〇一五年的《被支持的力量》，二〇一七年的《做一個簡單的好人》，一直到二〇一九年的《內心的太陽一直都在》，我在十年內出版了五本著作，在臉書發表超過一千篇文章，累計寫下了超過一百萬字。

終於，我成爲了公認的專業作家，這不是單純來自外界讀者的認可，更重要的是我內心對於自己的認可。

這份對自己的認可，非常非常重要，因爲我對自己說到做到，這是人生最值得慶賀的一場勝利。

人一輩子最難的就是對自己眞誠，成爲一個對自己說到做到的人。

對自己的承諾，不能隨便說說。不要習慣掩蓋眞相，不要有意無意地忽視內心的聲音，不要逃避一次又一次與命運直球對決的契機。

對於現在的自己應該面對的挑戰、卡住的瓶頸，其實我們都知道，但承擔挑戰、衝破瓶頸的過程太痛苦、太煎熬，所以總是停留在心裡不斷地想而已。

爲了敷衍自己，就讓自己忙著一件又一件無關緊要的日常瑣事，表面上看起來很忙、很努力，但關鍵問題依舊存在，一直在內心深處隱微地暗示著我們。

當一個人能夠對自己誠實，對自己說到做到，只要真的去做，堅持到最後，無論結果勝或敗，都已經贏得人生最關鍵的一場勝利——因爲我們對自己說到做到。

這無關一個人的聰明才智，而是關於自我心性的修練，是內在意志力量的培養，對我們一輩子的成敗非常關鍵。

其實，當我成爲公認的暢銷書作家後，我感受到最珍貴的不是這些有形的著作或稱號，而是深刻感受到內心太陽源源不絕的力量，這一切源自我對自己的心眞誠不欺。

我很忙，但從不裝忙；我很累，但從不裝累。我活得清楚明白，忙累得心甘情願，我勇敢地與自己的心魔直球對決——因爲我是一個對自己說到做到的人。

幫人做球，就是幫助自己

我從小打羽球，因爲身材優勢（我國中二年級就有一百八十公分、七十四公斤的好身材），加上刻意練習攻擊型的球路，讓我的殺球得到極大的優勢。

我平常比賽都以單打爲主，偶爾兼差比雙打時，也只會要求隊友幫我做球，讓我可以好好殺球。一直到長大剛出社會比賽時，仍維持這樣的習慣，也是很單純地要求隊友幫我做球，讓我可以一拍殺球直接得分，這是我認爲贏得比賽最簡單、最有效率的模式。

但出社會十幾年，身體有了變化，心態也跟著調整，變得更有彈性了。

現在打球，已經不再要隊友幫我做球，而是換成我幫隊友做球，讓我的搭擋可以好好運動、流汗，甚至我還會幫對面的對手做球，讓大家都可以打得開心一點。

球場上的勝負對現在的我而言，已經不再重要。跟大哥大姊們打球，大家能夠運動、流汗、開心最重要。

懂得做球，讓我在球場上沒有對手，是我贏得球場好人緣的關鍵。

幫人做球，形成正向循環，催化好緣分

我剛出道當律師時，擔心被人覺得太年輕（當時只有二十三歲，真的很年輕），所以在各種場合一談到法律專業時，就會努力表現出很專業、厲害的樣子，想要讓別人覺得這個年輕律師是個狠角色。有時，遇到律師同道，特別是比我資深的律師時，內心更會高度警戒，想盡辦法證明自己是場子裡最厲害的，一定要壓過其他在場的律師。

十幾年過去了，想想剛出道的自己就覺得有點幼稚、好笑，想必當時人緣一定不太好，而且也得罪過不少律師前輩吧。

感謝這一路來，願意寬容我，願意給當年那個白目的我機會的貴人。現在的我，是一個平凡的作家，雖然有法律專業，但已不再承接任何訴訟案件，加上出社會十幾年的歷練，心態也轉化很多，更具有開放的心胸與彈性了。

我不再需要在任何場合證明自己，即使遇到律師同道，也不再被內心湧現的競爭

情緒所控制。而我過往的律師執業經驗，讓我十分懂得在場的律師同道需要我幫他們做什麼樣的球，好讓他們的專業可以順利被知道、被認可，進而創造未來提供法律服務的機會。

這樣的舉動，往往會讓律師同道很驚訝、感動，因爲在此之前，他們幾乎沒遇過這樣的人。

我的粉絲團有數以萬計的讀者，雖然大家都知道我不打官司了，但基於對我的信任，還是會來詢問遇到的法律糾紛。

出於協助讀者的美意，多年來我養成一個習慣，就是會整理一個記載著我所認識的各種不同專長、不同地區的律師人才庫。當讀者來諮詢法律糾紛時，經過初步分析，我就會介紹讀者去找我信任的律師，處理後續的法律問題。

基於對我的信任，知道峰源介紹過來的案件已經過初步分析、篩選，不是來亂的案件，所以通常只要讀者報上我的名字，我的律師朋友就會更用心辦理，費用也會收得很公道。

呷好道相報（臺語），越來越多律師同道知道，只要他們夠專業、辦案夠用心，來找峰源幫忙，我就會幫他們做球，至少讓他們有被潛在當事人認識、諮詢的機會。

所以越來越多律師同道成爲我的好朋友，而當我的律師人才庫越來越豐富後，我能幫助讀者的能量就越來越強大，這是一個正向的循環。

懂得做球，讓我在律師界沒有敵人，更因爲無數的好緣分，擁有滿滿的朋友。

幫別人做球的好習慣，我不只運用在球場、律師界，更細膩地運用於商場上。

平常我總會留心身邊每一位好朋友，他們從事什麼產業、現在有什麼樣的需求、我能幫上什麼忙；甚至，我會把每個人的專長、需求寫成筆記，隨時謹記在心，把他們放在心上。

我明白，每一個人想要在社會上出頭，除了努力累積專業外，更關鍵的，就是要有**被看見的機會**，但這也是最難的一件事。

所以，我會不定期舉辦餐會，由我作東請客，由我成爲那催化好緣分的化學元素。

通常大型餐桌可以坐十二人，扣除我自己，可以邀請十一位賓客。這時，我之前用心做的筆記就派上用場了。我知道每一位好友的專長、從事的產業及需求，經過一番排列組合後，出席的賓客不只可以認識到新朋友，更能夠因爲彼此專長、產業、需求的互補互利，產生很大、甚至是意想不到的好緣分。

稍有社會歷練的人都知道，今天不是我們請人家吃飯，別人就願意來，不同的人邀請會產生不同的吸引力或影響力，這是社會現實，更是人與人之間的緣分深淺。

這就是爲什麼是由我出面當那個催化好緣分的化學元素——因爲，我知道大家都信得過我，了解峰源安排認識的人是安全、無害的，而且可能對自己的事業發展會大有幫助。

在餐會前，我會整理所有出席賓客的基本背景資料給每一個人，讓大家在出席前心裡有個底，不只有初步的熟悉感、安全感、信任感，更能夠事先準備想要交流的議題與潛藏的商機。

到了餐會那天，我會善用對每一位賓客的了解（除了專長、產業、需求，我還會研究每一位賓客喜歡吃什麼、喝什麼酒），幫大家做球，甚至還會事先幫他們想出各種可能的合作緣分。在長達兩、三個小時的吃喝、聊天中，彼此有了好的交流，最後通常也能夠賓主盡歡。

在這裡，我想多談一點人際交往的潛規則。

通常在餐會結束後，原本彼此不認識的人認識了，加上被我請了這頓飯，有了回請作東的好理由，所以就會引發賓客一個個爭先恐後，想要作東再聚餐一次。

因此，大家可以算一下，這樣一次聚餐的好緣分，可以觸發接下來幾次的聚餐緣分？

十一次？錯了，是無限多次。

因爲這十二個人，包含我在內，在一次次的正向交流中，融入了彼此的人脈圈；再深化一次次的交流後，只要我們是好人，是個值得認識、交往的人，自然就會觸發無數次的聚餐緣分及商機了。

而我，只是最初始的那個好緣分，做了一次漂亮的好球。懂得做球，讓我在商場上贏得好人緣，更點燃了無數的好緣分，幫助了無數的人。

從前的我，只想贏，只想要隊友幫我做球；現在的我，心態轉化了、成熟了，能夠超越表面的勝負、超越自私自利的情緒，專注、用心地幫身邊所有的人做球。

克服想求回報的心，就是幫助更多的人

我們都是平凡人，都想要被我們幫助過的人回報；一旦他們沒有付諸行動，我們的情緒難免會受到影響與波動，這是很正常的人性。

我個人的經驗是，要超越這樣的情緒，有一個更違反人性的做法，就是**去幫助更多、更多的人**，一直到被我們幫助過的人多到連我們自己都忘記了，自然就會超越了。

我們之所以惦記，是因爲幫助過的人太少了。只幫助過一個，就惦記一個；只幫助過兩個，就惦記兩個……但如果我們幫助過的人超過一百人、一千人、一萬人呢？我們還惦記得了嗎？

當我們幫助過很多很多的人，甚至多到自己幫過誰都忘了，就會逐漸放鬆這樣的惦記；達到一定數量後，每天都會有人來回報我們，就像每天都有驚喜與彩蛋。

這也就是爲什麼只要我的書一出版，就會有無數的讀者、公司行號、企業集團大量團購，也是我持續有著一場又一場商業演講邀約的原因。

我相信這世界上書寫得比我好、演講講得比我好的大有人在，許峰源之所以能夠被看見、被推薦、被傳遞，是因爲許峰源是一個曾經幫助過無數人的簡單的好人。

現在的我，每一天只專心寫好每一本書、講好每一場演講，其他就隨順每天持續累積的好緣分的安排與指引。

我贏得的從來不是一場球，而是人心。

只有贏得人心的人，才能眞正贏得天下。

動機至善、了無私心的建議

永遠不要拿自己的鞋給別人穿

別人向我們尋求建議時，我們要用心、愼重，但不用過度執著，因爲每個人都有自己的人生要過，也有自己選擇的命運要面對。

當我們年紀很輕、歷練尚淺時，對於自己熱心給予別人的建議往往很重視、很在意，這是很正常的。

尤其，當別人在我們面前聽得頭頭是道、點頭如搗蒜，我們也覺得自己給了很不錯的建議，雙方在充滿信心與勇氣的氣氛中結束談話。

但，一次又一次的經驗告訴我們，最後別人不見得會按照我們的話去做，往往他們還是會走自己的老路。

這時我們心中會有失落感，有種被耍的負面情緒，有時甚至會有隱隱希望對方得到不好結果的偏差心態，然後說：「誰叫你當初不聽我的話？」

隨著一次又一次的歷練，我們慢慢會體悟，原來是我們對自己的意見太執著了。其實，在別人心裡，我們沒有自己想像得那麼有影響力，期待、要求別人按照我們的話去做，更是沒有必要。

每個人都有自己的人生要過，都有自己選擇的命運要去面對。

無論我們給別人的建議再有洞見、再有遠見，都只是我們自以爲的好，套用在別人的人生之中，不見得合適，他們也不一定做得到。

永遠不要拿自己的鞋給別人穿。鞋子沒有錯，腳的尺寸也沒有錯，**只是不見得適合，只是多了些執著**。

不用因此否定自我，也不用感到失落或憤怒。我們沒有不對、也沒有不好，更沒有錯。

其實，每個人最後會做出的選擇，往往來自自身數十年生命經驗的累積，也就是所謂的性格。我們給的建議，比起對方數十年生命經驗累積的力量，眞的很渺小。

最終，他們的性格才會決定他們的命運，而不是我們的建議。

在整體生命運作力量的面前，我們可以學習著更謙卑。

話一出口就有了生命力，不須執著

講深一點，我們對於自己的意見很在意，某種程度是一種私心，一種想要證明「自己是對的」的私心。當別人沒有按照我們的話去做，彷彿是我們輸了，是個失敗者——這種複雜情緒往往會偽裝，混入我們宣稱爲別人好的執著中。

其實，我們講的話一出口，就有了自己的生命力。我們對它毫無控制力，嚴格來說，它已經跟我們沒有關係了，所以不需要因爲它能否對別人產生影響而驕傲或失落、歡喜或痛苦。

我們說出口的話，說到底就只是一些話而已。我們不是它，它也不是我們。

這幾年，我已經能夠逐漸鬆開對自己意見的執著。我依舊用心、愼重地給出每一個建議，不同的是，我不再以自己爲中心來思考，而盡量以對方的性格爲考量，並且用一種雲淡風輕的態度，帶著微笑給予每一個人祝福。

如果我們的話對別人有幫助，那很好；沒有，也沒關係。

對於別人是否有照我們的話去做，我更關注的是，自己能否超越自以爲是的執著，能否給出動機至善、了無私心的建議，並眞心祝福每個人最後都有圓滿的結果。

人活著要有用，但要超越有用

在ＬＩＮＥ的通訊群組裡，我們能看到社會的縮影與人生百態，更能看透某些人的性格與嘴臉。

偉傑是一位專業部落客，是我的好朋友，有一次跟我分享一個小故事。

通常他完成文章後，會習慣在上傳部落格及臉書粉絲團外，也分享到各個ＬＩＮＥ群組裡，讓更多人可以看見。

有一次，他沒想太多就把文章分享到一個與其他大哥一起投資的新公司的股東ＬＩＮＥ群組。

沒想到隔沒幾分鐘，一位大哥立刻在ＬＩＮＥ群組裡嚴正聲明說：「這個群組是用來發布公司經營重要資訊的，請不要隨意分享個人訊息，請大家自重。」

偉傑是股東中年紀最小的，知道自己輩分小，不敢多說什麼，只好趕緊回說：

「對不起，下次會好好注意。」

從那次以後，偉傑都會特別小心，在分享個人文章時，不要再誤傳到這個公司群組，以免造成大哥們的困擾。

凡事看破，不要說破

後來隔沒幾天，群組裡一位有錢、有影響力的大股東因爲剛迷上攝影，所以興高采烈地在群組裡分享一些他剛到日本輕井澤拍完的照片。

當偉傑手機的鎖定畫面跳出群組訊息通知時，他稍微愣了一下，心想，這位大哥應該等一下就會被那位正義凜然的大哥糾正了吧。

偉傑隔沒幾分鐘就看一下手機，查看群組訊息。奇怪，怎麼那位大哥沒有出來講話？

過了大概半小時後，那位正義凜然的大哥終於傳了訊息。沒想到，竟然是一個大大的讚貼圖。

緊接著，那位正義凜然的大哥還給予這位剛入門學習攝影的大哥的作品很高的評價。

「真是太有天分了！」

「完全看不出來是剛學習攝影的人的作品！」

偉傑用力眨一眨眼，確認自己是不是看錯了。但，一點都沒錯，是同一位大哥，只是換了張截然不同的嘴臉。

後來，這位學習攝影的大哥把自己的作品做成各種早安、午安、晚安，加上各種祝福語的貼圖，按時在這個群組裡傳送。

結果，那位正義凜然的大哥除了常常給予各種超乎常人的讚美語外，屁都不敢放一個。

偉傑慢慢體悟到，原來這就是社會現實啊……

有一天，偉傑跟我抱怨內心的不爽，然後告訴我，當初那位正義凜然的大哥警告偉傑的ＬＩＮＥ訊息，他有把它截圖下來。

當那個按時出現的問候貼圖出現時，偉傑突然把那位正義凜然大哥的警告截圖貼上去。

瞬間，整個ＬＩＮＥ群組靜悄悄……

不但沒有問候貼圖，也沒有諂媚奉承的讚美語，在詭異寂靜的氛圍中，偉傑可以想像那位正義凜然的大哥扭曲不滿與窘迫的表情。

爽啊！

我睜大眼睛問偉傑：「眞的這麼猛，給他直衝鼻梁的一擊嗎？」

偉傑喝了口咖啡，停了好幾秒後，才慢慢回答：「哎，沒有啦，一開始我眞想這麼做，想給他難看。如果是剛出社會時的我一定會想好好出這口氣，但我也已經出社會十幾年了，長大了、成熟了，比較沉得住氣了，我已經學會『凡事看破，但不要說破』的智慧。」

其實，那位正義凜然的大哥我也認識，他爲人現實的故事也早已不是第一次聽到了，我自己就吃過好幾次虧。

我一位江湖味很重的大哥就曾狠狠批評過：「他那個人啊，當他有求於你時，就阿母阿娘；幫完他忙後，就×你娘……」

但江湖味很重的大哥也教導我說：「這種現實的人你完全不需要去討好他，更不要浪費力氣去得到他的認可，而是要努力提升你自己的實力。有了錢、有了影響力，這種現實的人自動就會搖搖屁股靠上來，很簡單，也很容易應付。但也要提醒自己，這一類人永遠不會是眞正的兄弟，隨時會離你而去。」

一個現實的人，不是心壞，只是用極爲短淺的目光看待這個世界的運轉，與人的互動習慣性地建立在利用關係上，有利用價値就好言好語，沒利用價値就隨便對待，對社會底層的小人物更是不吝批評，也毫不保留厭惡的情緒。

在多年社會現實的殘酷磨練下，他們的生存哲學就是一個「擇」字。

對於可以給他們利益、給他們機會的人，就會緊緊咀嚼「擇」字的意涵。想要體悟這個字的意涵，就必須把部首拆開來看——用手……捧著×……

其實他們會變成現在這樣，是因爲當初他們自己也是這樣被對待過來的。可惜的是，他們只是有樣學樣，只學到壞的卻沒學到好的，**只學到表面上看似成功的人，卻沒去學那些不只成功，還能夠超越成功的偉大的人**。

不用急著批判這樣現實的人，我們應該做的不是給他們好看，或者背地裡恨著、罵著他們，而是應該把注意力轉回到自己身上，以他們來反省自己、警惕自己，千萬不要成爲這樣的人，否則我們與人之間的關係會非常表淺，我們的人生會過得很像便利貼一樣，總是被人家用完即丟。

超越便利貼的人生

其實我們每個人多少都有著些許現實的性格，都有自私的一面，這是我們的人性，但一個人一輩子的生命格局與境界，就在於我們能否超越內心現實自私的負面性格。

人活在這世上，一定要當個有用的人，對別人要有被利用的價值。但這樣活著是不夠的，我們一定要能夠超越有用的層次，讓我們的存在本身充滿意義與力量。就像母親對我們的生命而言，不需要有用，她只要還有一口氣活在這世界上就夠了。她的存在完全超越了有用、沒用的層次，她的存在本身就是意義與力量。

當我們能夠像母親一樣，試著超越自我、自私、自利，去對待我們身邊的每一個人，哪怕只能做到母親的百分之一，我們都能夠與身邊的每一個人建立眞摯溫暖的生命連結，我們就能像太陽一樣地存在，去照耀與溫暖每一個人生命的黑暗。

說來弔詭的是，有時候，**一個內心充滿善念與溫暖的人，反而比較能夠得到那些充滿現實心態的人用盡一生苦苦追求的一切，而且一切來得那麼踏實、自然與穩固**；更重要的是，他們的內心與身旁充滿無數眞正的朋友、兄弟與家人，因爲他們眞心將彼此放在心上，無論是歡笑或淚水的時刻，他們永遠依偎溫暖著彼此的生命。

利他，所有的力量都會保佑我們

看著離世親人的照片，他們的笑容依舊燦爛。我們相信他們只是肉身死去，雖然看不見，但他們依舊在另一個世界裡保護著我們、照顧著我們。

在那超越時間與空間的另一個次元，他們不再受肉體的局限，能夠無時無刻、無遠弗屆地存在，包括在我們的內心世界裡。

我們一家四口，每天出門上學、上班前，都會拜神明桌上的關聖帝君，以及天上的阿公、阿嬤、阿祖，祈求保佑我們一切順利、平安回家。晚上回到家後，第一件事情也是一起到神明桌前，跟關聖帝君和天上的阿公、阿嬤、阿祖拜拜，感謝他們庇佑我們順利、平安回家。

兩個寶貝女兒從小看著我這樣做，有樣學樣，到現在也養成了好習慣。

一家人的儀式性習慣，久了就像家裡、家外隨時都有神明、祖先在我們身旁保護著我們、看顧著我們一樣。

超越理性的規則與力量

有些人花了很大的心力去辯論這世上到底有沒有鬼神的存在。達賴喇嘛說過，只要這世界上有一個人可以清楚記得前世的人事物，輪迴轉世就存在——至於你我能不能記得，就不那麼重要了。

我從不跟人辯論這個議題，但我是相信的；對於鬼神的存在，對於看不見、聽不到的無形力量，更是信仰的。其實，信仰本來就是超越理性的力量。

這樣的信仰帶給我很大的正面助益。因爲，我知道當我去做一件好事時，縱使沒有人知道，鬼神也知道；而當我想要做一件壞事時，也能警惕自己不能去做，因爲縱使四下無人，鬼神也是知道的。

「舉頭三尺有神明」這句話，有時比法律還有用、還有意義。因爲，法律是有漏洞可以鑽的，而神明賞善罰惡的力量是沒有縫隙的。

其實，沒必要把鬼神想得那麼玄妙、複雜。只要我們相信人死後不是什麼渣滓都沒有，就一定會有某種模式的轉化或存在空間，只是我們用一個概念或名詞，稱爲鬼神、靈魂、氣場、磁場、天堂、地獄、輪迴轉世等。

當然，我並不是想在這裡跟大家探討玄學或宗教議題，只是想分享一個簡單的、好的想法。

只要是人，終究會死，而人死了以後，就是所謂的鬼（你可以自行給它不同的稱呼）。一個人在世是什麼樣的人、有什麼樣的個性，死後當了鬼，也差不到哪裡去。所以，鬼依舊有人性，而只要是人，就會偏袒、照顧自己的家人，這是最根本的人性，也可以說是「鬼性」。

因此，我們都相信，自己的爸爸媽媽、阿公阿嬤去世後，依舊會在另一個世界看著我們、照顧著我們，就像他們在世時一樣地疼愛我們。

這樣的想法帶給我很大的啟發。

大家可以試想，如果有一個人對我們的子女、孫子好，我們會對那個人怎麼樣？會不會也想好好回報人家一下？如果有人欺負那個人，我們會不會也想出手幫忙，保護那個人？這是很基本的做人、做鬼的道理。

因此，當我們能夠學習當個好人，多做點好事，幫助、照顧很多需要的人，不管是否有活人知道或看到——別擔心，所有接受我們幫助的人的祖先都在天上看著呢！他們都知道，也會因此保佑我們。

所以，一個人對人好、做好事，做到一個極致後，甚至連鬼神都會保護他、敬重他。他的影響力量會超越人界，直達靈界，產生一種看不見卻眞實存在的力量，叫作「正氣」。

這個世界是由無數有形、無形、可控制、不可控制的事物所組成，而眞正影響與決定命運的，往往是那些無形的、不可控制的事物。

一個人生命境界與格局的超越，就在於慢慢明白自身的渺小，慢慢體悟自己可以控制的事物少之又少，慢慢理解與承認這世界超越理性與邏輯運轉的規則與力量，看那看不見的事物、聽那聽不見的聲音、信仰那無形無相的力量。

從這樣的角度來看「積善之家，必有餘慶」這句話，就能夠有深入好幾個層次的體悟，更能在內心震撼之餘，對易經的智慧感受到溫暖與崇敬。

不要輕易陷入無謂的辯論，不要凡事都要眼見爲憑，我們都只是活在一個相信的世界，而不是經驗的世界。

例如，我們喝下眼前這杯水或吃下這盤食物，是因爲我們相信它是乾淨的，還是我們眞的證明了它是乾淨的？

例如，我們與眼前這個人交往，是因爲我們相信他是愛我們的，還是我們眞的證明了他是愛我們的？

例如，我們搭上這班飛機或高鐵，是因爲我們相信它是安全的，還是我們眞的證明了它是安全的？

修練自我的浩然正氣，利益衆人

與其耗費能量去辯論、去質疑，我更關注的是，自己能否修練自我、超越自我，去把握一次次幫助別人的小小緣分，逐漸解開我們身上自私自利的枷鎖，讓我們能夠自在無礙、心存善念、利益無數人而活著，讓內心的太陽產生照耀人界、天界、鬼界的浩然正氣。

我們每天應該自省的是，我們的外在言行與內在的起心動念，是否經得起鬼神的檢驗？我們到底是怎樣的一個人？

一個能夠掙脫自私自利枷鎖的人，他的心境是簡單的，心念是純善的，言行是眞實的。當簡單、純善、眞實的修練達到某種境界後，他將能夠影響、連結不同次元的人、天、鬼、神，成爲超越世俗的存在。

小綠是個小學四年級的孩子，從小善良、乖巧、誠實，但有時會胡言亂語，講出一些大人聽不太懂或驚嚇的言語。

例如，在九十七歲慈祥的曾祖母去世後的頭七燒冥紙時，看見她乘著一頂裝飾著大紅花的轎子回來看家人；到香蘭阿姨家作客時，一進門就盯著餐桌下說，有一隻拉布拉多犬趴在桌下搖著尾巴，香蘭阿姨卻說，小花已經過世超過半年了……

父母也曾帶她去看心理醫師，學校輔導老師也會定期關心她。

有一天，學校的輔導老師桂芬約談小綠。

一進輔導室，小綠便緊盯著桂芬老師的身後，默默地濕了眼眶。

桂芬老師嚇了一跳，問她怎麼了。

小綠說：「老師的身後有一位發著光、背上有著一對翅膀的天使，好溫暖、好有力量。」

瞬間，桂芬老師無法言語，也流下感動的眼淚。

桂芬老師從事心理輔導超過二十五年，幫助過無數的孩子，是一位極爲虔誠的基督徒。那天訪談前，她因爲某些原因心情陷入低潮，但從那一刻起，她知道自己並不孤單……

我依舊是那個隨叫隨到的小老弟

一通突然的來電

「峰源，你現在在哪裡？」宋老師聽起來像是在一間吵雜的海產店裡。

「老師好，我正在凱悅酒店跟朋友吃飯。」

「好，等一下結束後，回三重的尚友青海產店找我。」宋老師帶著些許的醉意大聲交代我。

「沒問題，我這邊一結束就過去。」我毫不遲疑地回答。

同桌的朋友問我：「他是誰啊？怎麼好像叫小弟一樣叫喚你？已經很少聽到有人用這樣的口氣跟你說話。」

我說：「他是我的老師。」

「老師？哪裡的老師？」

「是我國中、高中的學校老師，現在已經退休了。」

「退休了？那你還去做什麼？這場餐會很重要，有立法委員，也有建設公司的老闆，你應該好好認識一下。大家還說好等一下要去一間酒吧繼續喝呢。」

「不行，我已經答應老師了，等一下就要回三重的海產店找他。」

「你傻了嗎？跟退休老師吃飯有什麼好處？」朋友帶著驚訝、疑惑的表情問。

「不用有好處，因爲他是我的老師。」我用平靜、篤定的語氣回答他。

宋老師是我的母校——新北市三重高中的老師，打從我十二歲起就認識我、教導我。宋老師是正統國立師範大學出身，教學經驗極爲豐富，幾乎歷練過所有處室主任，但最特別的是他有著海派、慷慨、正義感十足的性格，因此他人緣極好，酒量更是驚人。

當年我在母校，宋老師就特別照顧我；我考上臺大後，也是由宋老師安排我回母校演講，一年一年講下來，直到宋老師退休，才由王可杰老師接手。

宋老師有個很有哏的點——他喜歡在喝醉酒後（但他不常喝醉啦，眞的），打電話點名call人來喝酒，尤其是他引以爲傲的學生。

這個習慣從我上臺大、考上律師、創業開律師事務所、轉型當作家以來，老師始終如一，都沒變過，而我也總是讓老師隨call隨到。

有趣的是，我要這樣被隨call隨到，必然要經過老婆的同意，而宋老師便是我老婆極少數願意放行的人。

因爲我老婆也知道，宋老師不只是我的老師，更是我一輩子的恩人。

宋老師、阿官叔與阿全哥對我的照顧

十幾年前的一個中午，宋老師一如往常打電話叫我去海產店吃飯。特別的是，這次老師沒喝醉，語氣中帶點慎重，要我馬上過來一起吃飯。

我二話不說，立馬搭計程車到了海產店。我看了一下與會的人，好幾位是我本來就認識的退休老師，但有一位年紀約六十多歲、帶著一股不怒而威的霸氣的長者，是我之前沒有見過的。

宋老師要我坐下，倒一杯酒敬一下，認識一下那位長者。

原來這位長者就是鼎鼎大名的阿官叔！

「阿官」這個名號，是三重道上一位輩分極高的人物，這幾年已經過著低調、含飴弄孫的退休生活。

在三重這個特別的環境裡（但現在的三重已經跟以前很不一樣了），阿官叔這樣的道上人物出現在與老師同桌吃飯的場景，並不令我意外。

宋老師教書超過三十年，而且擔任多年的學務處主任，無數三重的角頭老大的孩子都是宋老師的學生。有趣的是，不管這些老大在道上再怎麼呼風喚雨，對孩子的老師都是極爲尊重、敬重的。

阿官叔的三個小孩，當然也都是宋老師的學生。現在大兒子在美國工作，女兒是護理長，從小極爲「好動」的小兒子則是學校的體育老師。對於三個孩子都走上正途，阿官叔對宋老師的感恩難以言喻。

這其實不是一件容易的事情，但宋老師獨特的魅力，就是讓他對各種不同類型的孩子很有辦法，講的話都能夠讓他們聽進心裡。

宋老師用極爲誠懇的語氣拜託阿官叔說：「峰源是我最得意的學生，是個很孝順、很懂得感恩的孩子，希望阿官叔幫我好好照顧峰源。」

當時我的律師事務所剛在三重正式開業，想要在三重這個地方站穩腳跟，有阿官叔一句話便非常有影響力，更能免去很多難以想像的麻煩。我內心非常感動，因爲宋老師早已先幫我想好了。

阿官叔爲人極重情義，想都沒想就說：「宋老師您一句話，我阿官一定辦到好。」

阿官叔與我聊了一段時間，彼此喝了些酒後，拿起手機撥了通電話。電話中他叫一個年輕人阿全，要他立刻到海產店來。（無意中發現，原來不只宋老師有這個特別的習慣……）

等到電話中那位阿全到現場時，我嚇了一大跳，原來他就是現在三重在地最有財力與影響力的家族第二代接班人。

但阿全在阿官叔面前極爲恭敬、有禮貌，原來阿全哥的父親與阿官叔是幾十年的換帖兄弟。

阿官叔說：「阿全，峰源的阿爸跟我都是雲林人，是我從小的結拜兄弟，他阿爸過世得早，我也老了。峰源是個孝順、感恩的孩子，我就把這優秀的年輕人交給你照顧跟提拔，可以嗎？」

我在一旁愣了一下，因爲我阿爸與阿官叔根本不認識，但這樣的場景我也不便多說什麼。

阿全哥大聲回答：「叔啊，您一句話交代，我照辦。」

接著，阿全哥倒了一大杯威士忌與我對乾一杯後說：「從今天開始就是自己兄弟了。」

阿全哥是個重信守諾的大哥，從那天開始，就把我當親弟弟一樣照顧：當我的引薦人帶我進三陽扶輪社、教導我建築業蓋房子的實務、帶我到中國各地去見識和歷練大小場面、做生意，甚至連我們家兩個寶貝女兒都是吃嫂子的飯長大的呢。

我跟阿全大哥眞的很有緣，雖然他應酬很多，但其實不愛喝酒，平常最愛的就是——羽毛球！眞是太有緣了，所以我們兄弟倆最常一起做的休閒活動就是打羽毛球。

十幾年過去了，我們一起經歷過各種大大小小的困難與挑戰，建立了深厚的交情，也因爲阿全哥的提拔與照顧，我在事業上也獲得很大的發展。

有一天，我鼓起勇氣跟阿全哥說：「其實，我阿爸跟阿官叔根本不認識，我不能騙您……」

沒想到，阿全哥很豪爽地說：「我早就知道了，但我也知道阿官叔不會隨便開口拜託我，他一定是看重你、看得起你才會把你介紹給我。這麼多年來的相處，他的眼光沒有錯，你一點都沒讓宋老師與阿官叔失望。」

宋老師一輩子幫助過很多人，是個很有福報的人，後來他的獨生女成爲紅遍兩岸三地的電影明星，她也是我從小看著長大的。

有一次宋老師約我參加他們的家族聚餐，讓我印象很深刻。當我抵達餐廳，宋老師的女兒一看到我，立馬站起來迎接我，並幫我備好碗筷與夾菜，就像我從小認識的她，依舊那樣懂事、善良、單純，一點都沒有大明星的架子。宋老師的家教與身教真是讓我敬佩不已。

宋老師跟女兒說：「妳要好好向峰源學習。爸爸認識他二十幾年了，從小到現在，他的善良、感恩特質都沒變過，永遠隨叫隨到，爸爸這輩子向他開口的任何演講、請他幫忙的任何事情，他從沒問過我費用，有時還直接把講師費捐給學校……」宋老師講著講著，聲音有些哽咽、眼眶有些泛紅。

聽著聽著，我自己都不好意思了，趕緊端起酒杯，大口一杯敬老師，化解這感性的小尷尬。

忠誠待人，惜福感恩，貴人不斷

成功，需要很多的資源，而這些資源絕大多數都掌握在年紀比我們大的人手上。這不見得是世代的不公平，畢竟前輩們也花費了自己一生珍貴的青春歲月去奮鬥與累積。

常聽到一句職場名言：「二十幾歲時要靠體力賺錢，三十幾歲時要靠經驗賺錢，四十幾歲時要開始靠人脈賺錢，五十歲以後要能夠靠錢賺錢。」

因此，前輩們累積資源到了一定年歲後，基於體力、精力的下滑，他們一定會想提拔後輩，**這是某種更有效益的資源分配與運用，也是世代交替的自然現象**。

重點是，人家爲什麼要提拔我們？憑什麼要把人脈、資金、經驗等珍貴資源挹注到我們身上？我們是值得投資的潛力股嗎？

無數大哥教導我用人的兩大原則：第一，就是忠誠；第二，還是忠誠。

這句話我參了多年，這幾年才慢慢悟透其中的智慧。

忠誠，不是像哈巴狗一樣去阿諛奉承，而是**能夠忠實履行對別人的承諾，能夠盡心、盡力、盡分去做好每一件事，與人互動相處可以保持眞心誠意，對於別人的恩情能夠永遠抱持惜福感恩的心念**。

我是個出身很平凡的人，但我的一生眞的遇到好多好多貴人的幫助。或許我的能力不差，也很努力，但我一直知道這世上能力比我好、比我努力的人大有人在，所以始終心存感恩之心。

當我們身邊的前輩都能感受到，無論未來的我們有再大的發展，我們都不會辜負、遺忘每一個曾經幫助過我們的人——無論現在的他們有用、沒用、退休與否——那麼，我們身邊的貴人就會因此源源不絕，因爲我們過往的恩人旁邊還有無數潛在的貴人都在看著呢！我們無遠弗屆傳遞的人品與名聲，是遠比名錶、名車、名貴西裝、巧妙言語還要珍貴的資產。

其實，當我們持續保持感恩的心念，最後最大的受益人還是自己，因為我們修練了內心，提升了生命的境界，擁有問心無愧、看得起自己的心地。

只要不斷回憶當初一無所有的自己，還有接受別人幫助那一瞬間內心的感動與感謝，我們自然能夠持續湧起感恩的心念，而不斷藉由感恩心念灌溉的心地，也會讓我們養成忠誠的良好人品。

唯有感恩，才能忠誠。

在宋老師、阿官叔、阿全大哥的面前，我依舊是當年那個稚嫩、靦腆、帶點青澀而不世故的學生跟小老弟。我們相處起來很自在，像家人一樣，我覺得這樣保有赤子之心的自己，挺好、挺可愛的。

影視巨星洪金寶先生曾在一次訪問中提到，他這輩子捧紅了那麼多巨星，現在都請不動了，「只剩一個人，我一叫就來，找他演戲也從沒問過報酬，那個人就是——劉德華。」

第二部

積善的練習

財富

你會是個流傳於世的百年品牌嗎？

刻在心中的貧窮印記

雖然我現在的賺錢能力與累積的財富，還稱不上是富裕，至少比小時候好上很多很多了。但是從小貧窮環境所累積的負面毒素，依舊在我內心深處留下一道道或深或淺的刻痕。

每年到了九、十月菱角的盛產期，就會在路上看到停在路旁的發財車（小貨車），載著滿滿、熱騰騰的菱角叫賣著。

每次看到，我都想買，但當我走到賣菱角的小貨車前，內心都會不自覺湧起一股說不上來的恐懼，讓我看著、遲疑著，最後往往不自覺便轉身離開，沒有買。

好幾次這樣奇怪的舉動，老婆也覺得很怪，疑惑地問我：「你想吃就買啊，幹嘛每次都不買，又不是買不起……」

「又不是買不起……」這句看似不起眼的話，痛擊我心！

對啊，爲什麼明明買得起，卻總是不敢買呢？

我從小就喜歡吃菱角，尤其水煮的菱角沾上一點點醬油，有種淡淡的幸福香氣與味道。

但因爲我們全家八口人只仰賴阿爸賣臭豆腐的微薄收入，阿母總是一塊錢打二十四個結（臺語，非常節儉的意思），能省一塊錢就省一塊錢，所以幾乎不太可能買零食給我們吃。

每每經過賣菱角的攤子或小貨車前，阿母看著流口水的我，總是無奈、輕輕地拉著我的手默默離開；而懂事的我，也總是吞下口水，不吵不鬧。

幾十年過去了，一次次這樣的畫面早已消融成某種深埋內心的記憶刻痕，直到現在依舊一次次浮現爲買不起、付不起的恐懼情緒，這是一種很隱微卻很具干擾性的貧窮印記。

直到有一次帶家人去爭鮮迴轉壽司，事情有了不一樣的轉化。

不陷入情緒的漩渦

一如往常，我們一家人來到爭鮮吃飯。和平常一樣，老婆與兩個寶貝女兒各自拿著想要吃的壽司，而我也不經意地拿了一盤又一盤。

我突然發覺一個奇怪的現象。

我發現自己雖然是不經意地拿著一盤盤壽司，但都會不自覺地跳過某些以兩盤計價的壽司（爭鮮迴轉壽司每盤均一價三十元，但有些高價食材製作的壽司是直接以兩盤計價，也就是六十元）。而當我看著老婆自然無礙地拿取從我眼前經過的兩盤計價壽司時，我愣住了。

老婆被我看著，有點驚訝，不明所以，問道：「怎麼了？你想吃就拿啊，又不是吃不起……」

「又不是吃不起……」再一次痛擊我心！

對啊，明明最後都是我買單，為什麼總是跳過以兩盤計價的壽司呢？

我靜下心來省思，發現這不是想不想吃的問題，而是我根本沒想過要去吃那些以兩盤計價的壽司——大腦會不自覺跳過，只挑最便宜的吃。

我覺察自己被某種隱微的貧窮印記牽制，干擾、影響著我的思想與行動，哪怕外在環境與條件都已改變，內心貧窮情緒的傷痕卻依舊流淌出一滴滴的鮮血，持續傷害著我。

我決定做點正面積極的改變。

我開始有意識、專注地拿下一盤盤我眞正想吃的壽司，不管那是以一盤計價，還是以兩盤計價——那一刻，我超越了貧窮情緒的干擾。

當我們能夠覺察內心某些負面情緒，就已經踏上成功超越的第一步；當我們一直專注而放輕鬆地看著它，不陷入情緒的漩渦而思考或行動，有意識地去做眞正想做、應該做的事，就能感受到自己是眞正地活著。

我們會感受到內心的光明力量，那是源自我們每個人都有、一直存在的內心太陽。這種撥雲見日、雨過天晴的感受，很眞實、很強烈、很溫暖。

那天我吃得特別痛快，最後結帳時，全家人也不過吃了七百五十元——沒錯，我付得起，我吃得起，這才是眞相。

從那一刻起，我眞正活在當下。過去已經過去，我不再被過去情緒毒素殘留的幻覺所控制，我感受到自己在呼吸，感受到空氣在流通，感受到自己好好地活著。

後來，我專程找一天走向賣著熱騰騰菱角的小貨車，買了五大袋，不只自己吃，還買給公司助理一起分享。原來，一大包菱角才一百元，五大包才五百元；原來，我付得起，我吃得起……這是我這輩子第一次掏錢買菱角——三十二歲的我。

在內心太陽的照耀下，虛幻不實的黑暗情緒與念頭，會像雪花一樣消融無蹤。因爲，光來了，黑暗就消失了。

翻找價格標籤的客人

雖然一般人很難想像，但在我的記憶中，阿爸阿母從未帶我去過百貨公司，難得買一次新衣服都是到菜市場或夜市購買。

在我的記憶裡，百貨公司是高不可攀的神祕地方，更無法想像裡面那麼貴的衣服，到底都是什麼樣的人在買，他們爲什麼願意掏這麼多錢去買，衣服不就是可以穿就好嗎？甚至內心有種扭曲的想像，百貨公司賣這麼貴都是在騙一些凱子、傻子……

這些對於百貨精品的想像與幻覺，都源自我內心的貧窮印記，不自覺湧現一股貧窮的情緒感受。

多年來，當我在百貨公司逛街時，看見喜歡的衣服，都會在欣賞外型設計、剪裁及材質之前，做出一個連自己都未曾察覺的小動作——在衣服的上下裡外翻找價格標籤。

我有一個女性朋友，在某精品服飾專櫃擔任櫃姊多年，有天閒聊時告訴我，只要客人一進來就翻找價格標籤，通常都是窮人或買不起的人——簡單講，就是不會買的人，所以通常她就不會浪費時間在那位客人身上。

我立即反駁她的偏見與現實，卻也在那一瞬間，內心再一次被擊中……

雖然她講得很現實，卻也是極爲眞實的寫照（她的業績一直都是最好的）——因爲通常我翻完價格標籤後，就會默默離開。我會這麼生氣，是因爲我眞的是她說的那種客人……

當我再一次察覺到這個貧窮印記後——當然，這次跟爭鮮迴轉壽司、菱角不同，不是幾百塊錢，而是好幾千、好幾萬塊——我發揮了研究的精神。

我開始上網研究我想購買的品牌，包括品牌故事、設計理念、剪裁、材質等，然後鼓起勇氣，沉著冷靜地去專櫃聽櫃姊跟我好好介紹商品。我想要了解，憑什麼它可以賣這麼貴，憑什麼我要掏錢出來買？

我聽到了過去從未聽過的寶貴資訊，更明白了很多過去沒有認識到的價值——原來，**過去我只看見價格，卻從未眞正認識到價值**。

經過一番徹頭徹尾的研究之後，我買了一件符合我經濟條件、負擔得起的高檔大衣——一件我看了無數次，卻總是看到標籤價格後，就轉身離開的瑞士製精品大衣。

沒多久，一月的冬天，我帶兩個寶貝女兒去日本東京迪士尼旅遊。在零度左右的天氣，我內搭一件發熱衣、襯衫後，外面就只穿這件瑞士製造的大衣。不可思議的是，眞的不會冷。

這件極度防風、防雨、保暖的大衣，足足有三層Gore-tex，加上內搭高檔鋪棉。店員告訴我，這是一件可以直接穿去阿爾卑斯山山頂的大衣，因爲這個瑞士品牌專攻戶外登山，所有的產品都是在阿爾卑斯山山頂的極地氣候中測試製造的。

眞的，它眞的值這個價！

我買得心服口服、衷心喜愛，它的價値遠遠超過標籤上的價格。

體驗與價値，重建大腦與金錢的連結

從這次經驗後，我開始慢慢地學著、試著、體驗著一件物品或一項服務的眞正價値，而不再盲目執著地恐懼價格，不再只挑最便宜的買，而是認眞研究憑什麼它們可以賣這麼貴，憑什麼這麼多人願意掏錢，甚至爭先恐後排隊去買。

掏錢的人不是傻子，而是比我懂得什麼是有價値的好東西、好服務。他們越懂、體驗越多，就越能夠從中學習並創造出有價値的好商品或服務，賺到更多的錢，這或許就是有錢人越花錢卻越有錢的原因之一。

如果我們看不懂別人的價值，又如何讓別人對我們自身的價值買單呢？

說到底，這是一個人的生命視野與格局的差異。

每個人從小或多或少都累積了某些負面情緒與印記，並持續直接、間接、顯著、隱微地干擾、牽制著我們。

我從小的貧窮印記，或許在我還小、還窮的時候，可以作爲激發我奮鬥的動力；但當我擺脫貧窮後，它卻成爲我生命格局的某種局限，甚至可以說是某種情緒毒素。就像慢性鼻涕倒流一樣，雖然症狀不一定很顯著，卻一直導致咽喉慢性發炎，而身體持續的發炎是許多重大疾病的根源。

我發現，那些世界知名品牌淬鍊出好的信念、好的品質、好的服務後，獲得了更多的財富與影響力，這協助我掙脫了貧窮思維的枷鎖，讓我的心獲得最珍貴的自由，也看見、看懂了遠超過價格競爭的無限可能性。

當我們一直揹著、扛著貧窮的思維，路是走不遠的，也賺不了大錢。我們必須刻意練習，才能重建大腦對於金錢財富的神經連結。

不要怕花錢，也不要耽溺於物質享受——重點是我們爲什麼要花這筆錢，我們從中學到了什麼、體驗到什麼。

沒有體驗過什麼叫作好、什麼叫作頂級，我們如何憑想像去找出盲點、突破框架？又如何大膽開出符合我們眞正價值的高價呢？（精品厲害的不只是好的品質，而是能讓客人心甘情願地掏錢買單。）

葡萄酒，有人賣一瓶三百元，有人賣三萬元，甚至三十萬！爲什麼？憑什麼？

請記住，那些掏錢的人，尤其是能夠掏出那麼多錢的人，通常既不是凱子、也不是傻子，他們總能看見一般人看不懂的局。

如果我們知道，當他們花了三十萬買了特定年份的勃根地羅曼尼康帝葡萄酒，還賺了大錢，我們相信嗎？看得懂嗎？

這之間的差異，就叫作「見識」，而這往往也就決定了他們與我們之間的財富差距。

現在的我，對於物質享受反而逐漸看淡，不會追求或執著了，因爲我都有過、體驗過了。我可以買一千元的衣服，也願意買超過一萬元的衣服——只要它值得。

當我們生命的見識不斷提升，慢慢地，我們不只會超越貧窮思維的限制，更會超越對於物質享受的執著。因爲，我們看見了生命更高的層次與無限的可能。

世界知名的百年品牌之所以偉大，在於他們始終堅持著某些超越營業額與利潤的信念與價值，透過自身的商品與服務傳遞了某種純粹的精神力量，影響著全世界。

這些百年品牌的鐵粉，追隨的不是價格，而是**價値**，甚至是某種超越言語的精神力量，而這也是我從中體悟的最珍貴意義，那就是：好好地修練自我，成爲一個願意利益他人的好人，做一個有正向影響力的人，**讓自己也能成爲流傳於世的百年品牌**。

從平凡簡單之中，找到眞實的自己

在我熬過律師事務所辛苦的創業期後，事務所開始有盈餘，我的收入也逐漸穩定、豐沛。

在事務所裡，夥伴都稱呼我老闆；出門在外，因爲我們事務所在保險理賠領域逐漸闖出名號，很多應酬交往的人也都會稍微給我這個主持律師一些尊重。

我想著，不能再穿著一套四九八〇元的西裝，該換個品牌，好搭配得上身分地位。

在扶輪社社友大哥的推薦下，我認識了世界知名的義大利進口訂製西裝Loro Piana。這個品牌的布料無論是細緻度、針數、柔軟度，都非常好，摸起來就像嬰兒肌膚般滑順，完全沒有粗糙、縫線脫落卡卡的感覺，再搭配迪化街三十多年老師傅的剪裁手藝，每一件完工的訂製西裝雖然價格不菲，卻也眞能稱得上是藝術品。

穿在年輕氣盛、少年得志的我身上，很相稱、很稱頭。

後來我全部的西裝一律改爲Loro Piana的手工訂製西裝。手錶也從當補習班老師時戴的電子錶，改爲Rolex經典款黑水鬼。鞋款也從阿瘦皮鞋，改爲義大利進口皮革、純手工訂製的皮鞋。公事包也換成義大利進口、歐洲律師最愛的品牌THE BRIDGE。經過一連串的改頭換面，我好像稍微擺脫了剛出社會時的俗氣，像個律師事務所老闆的樣子了。

當事務所的經營更上軌道之後，我的收入越來越高，對物質的品牌、品質、價格的要求也越變越高了。除了品牌經典款，慢慢地想要追求一些限定款，因爲我認爲，精品的限定款才襯托得起律師事務所主持律師的身分。

爲了讓事務所的業務持續發展、拓展，我每天下班後幾乎都有應酬。酒量不好的我，很少完全清醒回到家。其實，應酬最可怕的，不只是喝酒，還有在喝酒過程中，無意識地一直吃、一直吃……

直視自己的本來面目

有一天晚上，一如往常微醺地回到家後，我迷迷糊糊地脫了衣服，進浴室洗澡。

洗完澡後，站在浴室的全身鏡前，全身赤裸的我愣住了……

原來，在一次又一次、一晚又一晚的應酬後，在手工訂製西裝外套的掩蓋下，我早已有了逐漸突起的鮪魚肚，不再是以前當羽球選手時，擁有完美肌肉線條的運動員了。以前喜歡練完球就赤裸上身，雖然嘴上說是熱，其實是想要間接展現健美體魄，以吸引女孩的目光；但現在的我，還有這個勇氣嗎？還是只能靠昂貴的手工訂製西裝掩飾，或者用手上那隻要價數十萬的錶轉移女孩的目光？

突然間，在半醉的茫茫然中，我內心浮現一個人生疑問……

脫下昂貴的西裝、手錶、皮鞋、襯衫、褲子、內衣褲之後，一如現在赤裸站在鏡子前的我，還依然有自信嗎？

往更深的內心探究：褪去外在的一切職稱、財富、地位、名氣之後，我到底是一個怎麼樣的人呢？

我茫然發呆了好一會兒，因爲我不知道自己是誰，畢竟我依賴名片職稱、手工訂製西裝、精品名錶等行頭活著，有一大段時間了……

突然間，三歲多的小虎妞偷偷走到我身後，朝我的屁股用力拍下去，說：「爸爸幹嘛脫光光站在這裡啦！」然後瞇起她內雙的小眼睛，開心地笑著。

這一瞬間，我酒醒了！我深深體悟到，原來，我只是一個平凡的父親——這才是唯一的眞實。

我轉身抱起小虎妞，這時，聽到老婆喊罵著：「快穿褲子啦！」我們全家笑成一團。

小虎妞燦爛的笑容，還有在地上爬、不知道發生什麼事也跟著傻笑的小心心，讓我感覺到很幸福、很眞實。

孩子能夠超越外在一切的職稱、財富、地位、名氣，直觀無礙地看待我們的本來面目。

不管我們在外頭再怎麼風光、再怎麼光鮮亮麗，都跟孩子沒有關係，我都只是一位平凡的父親。

孩子的平等心念，會超越外在物質的表象，甚至超越世俗的庸俗眼光。無論父母外表美醜、貧富貴賤，哪怕身有殘疾，孩子都能眞實地愛著父母；或者應該說，孩子的存在本身就是眞實、就是愛，毫無玷汙與沾染。

在孩子的面前，我們能夠卸下心防、卸下依賴的行頭、卸下塗抹僞裝，很輕鬆自在地做自己；也因此，我們能夠直觀無礙地面對自己的本來面目。

「我到底是一個什麼樣的人呢？」

從那天晚上，這個人生疑問便持續縈繞我心——有些糾葛、有些掙扎、有些矛盾……

平凡的父親，才是我的本業

俗話說：「佛要金裝，人要衣裝。」但當我們過度追求、強調外在裝飾的一切時，很容易就活在小小的名片職稱裡。當別人不夠尊重那張名片時，我們便會生氣、憤怒，因爲我們以爲自己就是那張名片，那張名片就是我們自己。

當我們的自信來自外在的一切，很容易會因此對人品頭論足，甚至用名片的抬頭、穿著打扮，武斷地認定眼前的這個人有用、沒用，是上等人、下等人，是上流社會，還是下級國民；我們很容易活在某種狹隘的謊言與陷阱中。

一尊佛最重要的不是金裝，而是要有靈，要能靈驗，庇佑信徒；**一個人最重要的不是衣裝，也是要能靈驗、與人的生命有所連結，也就是要心存善念，要願意幫助別人、守護別人、照顧別人**。

我慢慢體悟到，原來過去一直在應酬場合中反覆、隱約感受到的虛假、空虛感，包括虛胖感，都是生命的暗示與指引。

我不再逃避，重新定義了自己人生的成功！

經歷長久的努力與堅持，精實的體魄練回來了，逼近高中時期的我。

現在的我，幾乎全身上下都是平價品牌，穿著T恤、牛仔褲上臺演講分享，西裝不穿了，錶也不戴了。在無數讀者面前，我只是一個平凡的作家；在我的孩子虎妞與心心面前，我只是一個平凡的父親。

在自我生命簡化的過程中，我慢慢洞察到生命中的人事物，到底什麼是眞的，什麼是假的。

當我們不再被虛假的一切蒙蔽自心，就能夠更加珍惜、感恩生命中所有眞實的一切，尤其是我們所愛及愛我們的每一個人；而當一個人破除虛假後，就能凝聚所有能量，活在眞實之中，走在平凡、簡單、幸福的人生正途上，逐漸展現潛能，發揮自心深處的光明力量。

這幾年，我慢慢地在平凡眞實的生活中，認識自我、找到自我、超越自我，並透過眞誠質樸的文字，與無數讀者的生命緊密連結，從平凡中產生不平凡的力量。

身爲一位平凡的父親，是我一輩子的本業；成爲兩個女兒所愛、所敬重的父親，更是我一輩子的成功定義與人生方向。

眞正的富裕，是累積福分存款

雖然在外我好像能夠處理很多事情，但回到家後，其實我算是某種程度的生活白痴，很仰賴老婆大人的照顧。

所以通常在家時，一切都是聽老婆的，大大小小的事都由老婆指揮安排。

我分配到的工作，往往就是搬重物、換電燈泡、跑腿買東西，最重要的是每天倒垃圾及資源回收——我相信這應該也是很多已婚男人的共同任務……

曾經，老婆帶著疑惑問我：「爲什麼好幾袋垃圾加上一整個推車的資源回收，你這麼快就回來了？你有好好做資源回收嗎？還是全部亂丟，只想趕著回來看書？」

「我當然有好好做資源回收啊。」

老婆臉上的疑惑並沒有因此消除……

不專業家政夫的祕密

有一天晚上，最愛跟我一起跑腿買東西的心心（因爲去超商可以買她最喜歡的養樂多，貼心的她還會想到幫虎妞姊姊多買一瓶），突然想要跟我一起去倒垃圾及做資源回收。

以前還小沒讓她們跟，因爲到地下垃圾回收場要經過停車場車道，來來往往的車子有點危險，加上垃圾場的衛生考量，所以都是我一個人去倒；現在她們稍微長大了，也該讓她們學習倒垃圾，這樣，以後我又可以少一件家事任務了……

我一手提著兩大袋垃圾，一手拉著資源回收小推車，心心在小推車後面幫忙扶著、推著。

我們倆一起來到了社區地下室的垃圾回收場。

晚班清潔人員阿菊姊還沒下班，還在回收場做最後的清潔整理。

看到我迎面而來，阿菊姊操著我熟悉的雲林臺語腔調，滿臉笑容跟我打招呼：

「許律師，食飽未？」

「吃飽了啊，阿菊姊還沒下班啊？您晚餐吃了沒啊？」

阿菊姊已年過五十，先生很早就過世了，她獨自扶養兒子長大，兒子現在已經出社會賺錢，家境比以前好一些些，至少三餐可以溫飽。現在唯一讓她掛念的是，希望兒子趕快娶老婆，生個胖孫子給她抱。

我一邊把兩大袋垃圾丟進子母垃圾車箱，一邊跟阿菊姊閒聊著。

當我丟完垃圾，準備跟心心一起處理小推車裡滿滿的紙盒、玻璃瓶、寶特瓶、鐵鋁罐等資源回收垃圾時，阿菊姊趕緊搶在前頭，幫我們做垃圾分類。

「許律師，這我來就好，您平時對我們這麼好，有什麼好吃的、好用的都統統送給我們。之前您送我的那幾盆蘭花，今年又開花了喔，等一下給您看我手機裡的照片……」阿菊姊一邊笑著，一邊以極爲熟練的速度幫忙著。

在阿菊姊「開外掛」的協助之下，我和心心輕鬆完成了倒垃圾及資源回收的任務。

心心回到家後，好似發現什麼大祕密一樣，跑去跟媽媽說，還要媽媽蹲下來偷偷聽。這下子，我老婆終於明白爲什麼每次我都很快完成任務了。

雖然祕密揭曉，但我老婆也不太意外，因爲這是我們家一直以來的好習慣。

感恩惜食，與眾人共福

平常在外，我時常有機會到五星級飯店或知名餐廳聚餐應酬。參加過類似活動的人都知道，其實這類應酬的重點不是品嘗美食，而是喝酒、交流、談事情。

等到餐會結束時，桌上往往擺著滿滿未吃完的菜餚，有時候大家喝得很開，桌上的菜甚至吃不到三分之一。

如果結束後大家直接離開，餐廳的人就會把沒吃完的菜統統倒掉。

現在跟以前不同，現在的飯店、餐廳用餐幾乎都是公筷母匙，菜餚不會沾到別人的口水，很衛生。

所以，我曾經問過餐廳的人，為什麼不把這些菜送給獨居老人或需要的人？

他們說，是有想過，但如果拿到菜的人回去沒把菜餚保存好，吃了身體有什麼問題，可能責任還要他們扛；為了省事，雖然很浪費，還是倒掉比較保險。

記得小時候家裡環境比較不好，難得有機會吃到辦桌時，阿母都會用心將一道道菜餚打包帶回家。接下來好幾餐，我們家就會吃著煮了一遍又一遍的菜尾（現在想來，眞是好吃，尤其是臺式魚翅羹、燉雞湯、炸鯧魚、炸大蝦，都是我的最愛）。

阿母總是教導我，能吃的東西掉到地上，撿起來，灰塵拍一拍都還能吃，何況是人家煮好好的菜餚；能吃的東西不可以浪費，不然天公會打屁股，咱們做人要懂得惜福，懂得感恩。

因此後來我養成了一個習慣，就是只要參加應酬餐會，一定會留到最後，把桌上可以打包的菜餚包回家。

說實話，剛開始這麼做，是有點尷尬，也需要勇氣的。

畢竟，在社交餐會場合裡，每個人都想要表現出最好的一面，至少希望別人覺得我們很厲害、很有經濟實力。然而打包這個小動作，顯得很不帥氣（大家可以想像穿著高檔西裝、皮鞋，提著真皮公事包，再提著六、七包菜餚，帥得起來嗎？），又擔心被人誤會貪小便宜、沒錢、寒酸——簡單講，就是要克服擔心被人看不起的情緒。

剛開始真的滿擔心別人怎麼看我，但我內心還是很捨不得這麼貴、這麼好的菜就這樣被丟掉，所以還是會硬著頭皮打包回家。

但時間一久也就習慣了，尤其當我慢慢感受到自己的自信並不是靠外在的衣著、裝模作樣的舉止後，我的心胸逐漸打開，很自然地打包一袋又一袋的食物回家。

因爲我認爲，這個舉動跟有錢沒有錢無關，跟別人怎麼看我也無關，而是**跟一個人對自己生命的態度有關，跟一個人能否對生命中的一切惜福與感恩有關**。

後來，社交場合中的大哥大姊也都習慣峰源會把菜打包回家，不但沒有嫌棄我，還主動招呼服務人員幫我好好打包。

我發現原來大家都不願意、也不想浪費，有人可以幫忙珍惜食物，其實大家反而覺得鬆了一口氣，很開心。

話說，這些打包回來的菜量很大，加上有時候一個禮拜有好幾個晚上的餐會，我們一家兩大兩小（只有我一個男人），根本不可能吃得完，所以其實打包回來的菜餚，超過八成都是分享給社區樓下的保全與清潔人員。

或許這些菜餚對於時常在大飯店、大餐廳吃飯的人沒什麼，但對其他人來說，是很珍貴、難得的好料理。

因此，當我把晶華酒店、龍都烤鴨、新東南海鮮、金蓬萊臺菜等知名餐廳的菜，打包回來跟保全與清潔人員分享，他們都好高興、好感謝。

尤其值守大夜班的保全人員，可以有這些知名餐廳的菜餚當宵夜，那是7-11的關東煮、泡麵、御飯糰遠遠比不上的。

當然，同樣出身底層小人物的我明白收下這類菜餚的心情與顧慮，所以我都會特別讓他們知道，這些菜餚不是所謂的剩菜，都是當天晚上的新鮮菜餚，而且從頭到尾都是用公筷母匙，沒有沾到任何人的口水，請他們放心吃。

此外，爲了讓他們沒有壓力地接受這個好意，我也會清楚表達對他們的感謝，因爲他們的幫忙，這些食物才沒有被浪費掉。

時間久了，所有保全、清潔人員都知道有一位許律師常常會幫大家帶宵夜。聽說交接班時，偶爾還會討論昨晚吃了什麼好料……

每次看到保全、清潔人員臉上開心的表情，還有收到他們滿滿的感謝時，我都會覺得一次又一次提著大包小包的菜餚回來的辛苦，是值得的、有意義的。

把福分存在更多人的生命裡

我從來不認爲做這些事是施予他們恩惠，心中反而一直對他們有著滿滿的感謝。或許有人不認爲保全、清潔人員有什麼了不起，甚至覺得他們是不起眼的小人物，但我認爲這是相當偏差的生命視角。

在我心裡，這些平凡的小人物，才是對社會有莫大貢獻的人。

想像一下，如果一個超過幾百戶的大型社區，沒有任何保全人員，幾千人住在裡面能夠安心嗎？

再想像一下，我們或許可以接受三個月沒有總統，但能夠接受三個月沒有清潔人員嗎？家裡能夠三個月不倒垃圾嗎？

這才是眞正的生活、眞正的現實，一切看似不起眼的安定與幸福，其實一直都有無數平凡小人物的努力與付出。

只要用心觀察就會發現，雖然我們多讀了幾本書，但其實沒有資格高高在上，因爲這社會絕大多數的東西都是底層勞動力的產物、付出與血汗，這才是清澈無礙、充滿智慧的生命視角。

無數平凡的小人物才是眞正扛起這個社會的人！

其實，我做這些事情從頭到尾都沒有多花錢，只是不把擁有的一切視爲理所當然，抱持著惜福感恩的心念，與有緣分的人分享福分而已。

一直以來，我都認爲自己是很富裕的人。我的富裕不是銀行裡的存款、豪宅或精品名牌，而是把福分存在很多很多人的生命之中，這些福分一直存在著、滋長著、傳遞著。

對了，阿菊姊家裡的蘭花，來自扶輪社每年的生日禮，我跟老婆一年各一盆。這麼多年來，很多位清潔大姊、阿姨家裡都有我分享的蘭花，因爲我知道她們特別喜歡花花草草。

感謝她們，否則這些蘭花在我手上應該早已枯萎；因爲她們，這些蘭花的生命得以延續、茁壯、開花，讓更多人能夠欣賞它們的美。

每次看到她們跟我分享手機裡的蘭花照片，就會覺得很開心、很溫暖。

虎妞曾經好奇地問我：「拔比，爲什麼保全叔叔、清潔阿姨都記得住你的名字啊？爲什麼他們每次遠遠看到你就會笑著跟你打招呼，幫我們開社區鐵門啊？」

「因爲，拔比也都眞心記住他們每一個人的名字啊！」

「爲什麼你會想要記住他們每一個人的名字啊？」

「因爲，他們跟我們一樣，都是活生生的人啊！」

懂得知福、惜福、培福，進而與衆人共福的人，才能成爲享有長久穩固幸福快樂的富裕之人。

平凡簡單的幸福，沒有公式，但要有好運氣

每個人都只有一輩子，只活過自己的這一輩子，所以每個人的成功與失敗模式都不同，原因也不同，當然也會建立起獨一無二的生命價值觀與信念。

有一次，一位大哥帶我去一間宮廟拜拜，主神是媽祖婆。他特別帶我到廟裡正殿中的一根龍柱旁，笑著要我看上面的捐贈人。

我看到上面的捐贈人寫著無名氏。

這位大哥跟我說，他就是這位無名氏。

看來，我應該不是唯一一位被帶來看這根無名氏龍柱的人。

這位大哥是一位豁達、不拘小節，甚至有點搞笑的好人，在他身上，我常常學到很多突破框架的思維。

成功的關鍵是運氣

我曾經問過這位大哥，人一輩子要成功，最重要的是什麼？

他認眞想了一會後回答：「運氣。」

他的回答讓我愣了很久，原以爲他在開玩笑，但看到他難得認眞的表情，又想到他驚人的財富實力，讓我很愼重地看待他的回答。

這位大哥年輕時，從事的是DRAM動態記憶體的產業。

這個產業最大的特性就是價格波動很大——而且是非常非常大。

他曾經在DRAM每單位十二美元的價格時，開始進貨，結果遇到全球產量過剩，DRAM價格大幅下降；當價格來到腰斬的每單位六美元，他幾乎用盡所有公司自有資金，但這時如果認賠殺出，就要承受大量的虧損。

因此，他向銀行大量貸款，繼續加碼攤平；沒想到，DRAM價格還是持續下跌，竟然一路來到兩美元。這時，他不只所有公司資金都用完了，連舉債來的資金也全押下去了……全部賣出的話就會血本無歸，怎麼辦？

換位思考一下，要是換成我們，會怎麼做呢？認賠殺出，還是繼續籌錢攤平？

這位大哥有著常人所沒有的思維與勇氣。

他決定把自己名下所有的資產全數抵押，持續進場拚搏囤貨，而DRAM的價格也持續崩盤。他還是繼續吃貨，一路吃一路吃，最低吃到每單位〇．二美元的不可思議歷史價格。

終於，他彈盡援絕。所有人都認爲他瘋了，應該馬上就要破產了。

但神奇的事情發生了……

不到幾個月，因爲蘋果陸續推出超級火紅的一系列產品，包含iPhone、iPad、iMac等，席捲全球，導致DRAM全球大缺貨。

所以DRAM開始從每單位〇．二美元的垃圾價格，一路飆升，最高曾來到十八美元的黃金天價。

這位大哥不但沒破產，還徹底解套：不只解套，還暴富了，這一役讓他賺進十幾億元！

沒幾年，他就賣掉所有的公司，過著財富自由的生活——那一年，他才四十七歲。

我曾問過這位大哥，在那個煎熬、可能一無所有、負債一輩子的關鍵時刻，爲什麼敢繼續加碼？

我原本猜想，他會說什麼精準的判斷力、趨勢預測力，沒想到他說：「因爲我問過神明，他指示我繼續衝……」

我相信很多人會對這個故事感到困惑，因爲太不典型了，跟傳統認知的企業成功故事很不一樣，既沒提到創新產品，也沒有趨勢預測，也不講專業管理，但從賺取財富的結果論來說，他就是成功了。

竟然是問神明啊！

有人或許會說，他只是運氣好而已。

一點都沒錯，他只是運氣好，而人家也很誠實地告訴我們，人一輩子想要成功，最關鍵的就是要有好運氣啊！

很多人花了很多時間，苦苦尋找所謂的成功公式，希望可以把各種成功模式拆解、量化、步驟化，然後期望自己能夠照本宣科、按部就班地一步步邁向成功。

這種有趣的現象，不只發生在職場、創業上，在股票市場上也一樣。

在股票市場上，絕大多數人也是在苦苦尋找投資致富的聖杯，也就是致富的公式，但結果呢？

其實，在我讀過那麼多偉人傳記、研究過身邊那麼多的企業家後，得到的結論就是：**人一輩子的成功是沒有公式的**。

我知道這個人生眞相對一般人來說很難接受，但這就是人生的眞相。

只有當我們看透「人生成功沒有公式」這個眞相，才能停下腳步，不再浪費時間去苦苦追尋根本不存在的聖杯。

這位大哥的錢眞的是花不完。幾億的現金存款，光是定存利息，每年就將近千萬元。這還只是現金資產，不包括滿租的商業大樓、出租給大賣場的土地等租金收入。

有趣的是，這位大哥雖然喜歡遊山玩水，但生活過得很簡樸，有空就跟我打打羽球，參加宮廟的祭祀活動。

在廟會活動中，穿著白色汗衫、運動褲，掛著一條濕透毛巾的他，跟一般中年大叔沒兩樣，完全看不出是個超級富豪。

他花在自己身上的錢越來越少，大部分錢都用在捐贈、做善事上，包括宮廟活動、貧困學生獎學金、急難家庭救助金等。

我問過他，爲什麼不去環遊世界，也不開名車、買精品？

他回答：「人生很多東西是因爲你沒有，才會拚命追求；當你都有了，這些東西對你就沒那麼有吸引力了。

「人生啊，要分得清楚什麼是眞的，什麼是假的。我們眞正需要的花費不多，其他東西都只是想要的欲望，那是永遠塡不滿的。

「人活著最重要的就是家人，然後有可以相找（臺語：眞心交往）的朋友，這些才是眞的，其他那些嘻嘻華華（臺語：熱鬧的交際應酬）、穿金戴銀，都是假的啦，浪費時間。

「我一輩子很多東西都是神明幫我的，包括金錢、圓滿的家庭、懂事的寶貝女兒、勇健的身體，我很感謝神明，也明白這些錢不單純是我一個人的，是神明指示、安排讓我去做更有意義的事情。」

好的起心動念，就會形成好的運氣

其實這位大哥少年得志時，也是很臭屁的，買名車、收藏名錶，每天踹酒店（臺語：去酒店消費），但後來因爲與嫂子結婚多年都沒有孩子的緣分，特別去求神明，才求來了一個乖巧懂事的寶貝女兒；再加上後來生了一場大病，整個價值觀有了很大的轉變。

那時他創業壓力很大，每天菸不離手，有好一陣子咳嗽咳不停。去醫院做檢查，醫生發現他的肺部有個四．五公分的腫瘤，幫他做了切片檢驗。

等報告的那個星期，他每天都在發呆，跟傻瓜一樣。他突然發現，自己引以爲傲的一切都幫不上忙、靠不住，無論他事業再大、再有錢，也不保證自己過得去這一關，可以順利活下來，而他的女兒才五歲多啊……

他向神明發下大願，如果這關可以過，他發願一輩子好好做善事，幫助需要幫助的人：「我不貪心，只希望神明保佑我活下來，可以陪伴家人、女兒長大。」

奇妙的事情發生了……

醫院檢查報告出爐，他的肺部腫瘤是罕見的良性腫瘤。

很多人遇到生命難關時都會發下大願，等難關過去了，便逐漸淡忘與神明的承諾，但這位大哥不是這樣。從那天起，他的價值觀開始有了一百八十度的翻轉，簡直變了一個人——也就是我現在認識的他，一個簡單的好人。

因此也就能夠明白，爲什麼他在當年這麼困難的關鍵時刻，會願意相信神明的指引，因爲他多年來的信仰與實踐善念的過程中，讓他堅信天必不負他，他相信媽祖婆會有最好的安排。

他曾經跟我說過一段讓我想很久的話：「峰源，你記住，這世上很多事情都是假的，只有做善事累積的功德力量是眞的。做善事的腳步不能等，要骨力（臺語：勤奮努力），因爲總有一天你會明白，在人生某些關鍵時刻，你就是需要那份好運氣。」

有些人只要不是具體明白、符合邏輯的事情，就不相信、否認，甚至排斥，他們的一輩子只能活在所謂的頭腦邏輯思維之中。

然而，生命的進行是非邏輯性的；或者說，因果關係的排列組合複雜到遠超過人腦可以運算、理解與掌握。

我們看的小說、連續劇都是符合邏輯的，因爲劇本是人想出來的，但眞實的人生是非邏輯性的，因爲是人想不到的。

雖然我們從小一直相信，成功必然來自自己的能力與努力，很多有成就的人也這樣相信，但眞相眞的是如此嗎？

成功的人其實並不一定比我們聰明，或許他們眞的有能力，也很努力，但我們也一樣有能力，也很努力啊，爲什麼我們還沒有成功？我們與他們之間眞正的差異到底是什麼？

有一天我偶然看見大哥年輕時的照片，那個戴著金光閃閃的勞力士、不可一世的他，眞的跟現在我認識的他有很大的差異。

雖然現在的他依舊有股不怒而威的自信與霸氣，卻也有慈眉善目的笑容——人的面相眞的會因爲心境的不同而改變。

他告訴我，從他開始信仰神明、做善事開始，對很多事情的價値觀有了改變。**心性改變了，面相改變了；更重要的是，運也改變了，一個個不可思議的好運逐漸圍繞在他的身旁。**

人的好運，是看不見、摸不到的無形氣場。想要擁有好運氣，關鍵在於我們是否是一個心存善念、利益他人而活著的好人。

一個人擁有好的起心動念，就會形成好的運氣，好的運氣也會形成內心好的起心動念。總有一天我們會體悟，原來好運氣與好的起心動念其實是同一件事。

想要擁有平凡簡單的幸福快樂，沒有公式也無法控制，但要有好的運氣。

成爲值得上天託付金錢的人

金錢無法傳承

一代懂吃，二代懂住，三代才懂文化藝術，那第四代呢？

原來，很少談到第四代。因爲，富不過三代。

但，也有極爲罕見的富過第四代，甚至好多代的，那又是因爲懂了什麼呢？

金錢，是一個很有學問、藝術，甚至智慧的東西，絕不是我們原本理解的那麼簡單。

絕大多數人一輩子只懂得拚命賺錢，縱使極少數人眞的燃燒生命賺到錢，也很容易淪爲暴發戶的花錢模式：吃大餐、環遊世界、買到全身上下都是名牌，甚至用純金做的馬桶……

然而，再多昂貴的物質享受，再多高潮的狂歡派對，都是極爲短暫的興奮劑。快樂的感受很快就會消退，不斷追求更強的刺激後，終究會來到肉體、物質快樂的極限。

很快地，他們就會感受到一種難以形容的空虛感，不再像一開始那樣開心，甚至逐漸感受不到平凡簡單的幸福。

接著他們會想要跟人比較，例如買到限量版的名牌包，看誰的房子比較大、遊艇比較長……在贏過別人時感到快樂，也在輸給別人時感到痛苦。

之後，他們想要得到名氣與地位，想要贏得社會大衆的認同，開始用金錢去買各種稱號，就像線上遊戲角色名字前的稱號一樣，有點眞實卻又虛幻，因爲，人們的敬重眞的是用錢可以買到的嗎？

很快地，一輩子也就這樣來到了晚年，不知不覺孩子都大了，也有孫子了，但他們用盡一生累積了那麼多金錢，好像沒有帶給這個家最基本的溫暖。哪怕住在數百坪的豪宅裡，有廚師、傭人服侍，每餐都像滿漢全席一樣吃著，但一家人幾乎沒有輕鬆、無戒心地好好吃過一頓飯。

這時，他們深深體悟到，原來攬在身上的錢越多，子女的心似乎離得越遠，最後這個家只剩下「等」字輩的繼承人，沒有子女了。

以上是我親眼見證過的很多有錢人的眞實故事。

這麼一大段描述，聽起來有點淒涼，也好像跟我們沒什麼關係，因爲我們都還沒那麼有錢。我們認爲自己如果有一天眞的這麼有錢，一定不會像他們一樣，把生命搞得烏煙瘴氣，我們會過著有錢、幸福又快樂的生活，就像那些富豪當初沒錢時想的一樣……

信仰積善的無形力量

我想跟大家分享的是：賺錢，眞的很難，但有智慧地花錢更難。然而，弔詭的是，只有當我們擁有足夠的智慧，眞的懂得如何花錢了，我們才能眞正賺到錢。

一個深刻體悟金錢的價値與意義的人，會明白金錢除了滿足基本生活需求外，還有更深的價値，可以用來幫助更多需要的人。金錢的累積，不是單純的成就，而是**上天賦予我們的分配責任**。

就像把一百萬分給一個無能的人，他可能只會用來吃喝玩樂，頂多像個守財奴把錢存起來；但同樣的一百萬給了一個有能力、有經驗、有見識的人，就能創造更多個一百萬、一千萬，甚至更多，可以去做更有意義的事，幫助更多的人。

所以，當一個人悟出了金錢的智慧與責任，通過考驗後，老天才會放心把錢交給他，錢才賺得到、才守得住；否則，縱使一時好像賺到很多錢，也只是過眼雲煙。人兩腳，錢四腳，人永遠是追不過錢的，但錢來追人，人也是擋都擋不住的。

我認眞問過很多企業家，對於自己一生財富累積過程的心得，除了談到創業的艱辛與奮鬥外，他們多少都承認，在整個過程中，必須要有某種難以言喻的好運氣，一種無形、不可控制卻眞實存在的力量。

每個人剛出社會，或者剛創立公司時，幾乎都抱持著希望自己可以創造價值、為社會做出貢獻的初衷。

其中極少數的人花了幾十年日以繼夜地努力與堅持，累積了強大的能力、經驗與實力後，向上天證明自己是那個對的人，是值得上天託付金錢的人——這時，上天便會在關鍵時刻幫他們一把，灌注那最珍貴的好運氣。

這就是所謂的「天道酬勤」。

當然，擁有龐大的金錢之後，能否依舊保持初衷，依靠的就不再是那些表淺的能力與經驗，而是內心極為深層的性格與心性。

金錢是很有趣的化學藥劑，具有高度的熔蝕性，很容易侵蝕一個人的心。

一旦，人心被金錢侵蝕後，無論是他們自己或他們的子孫，老天便會將當初的好運氣收回，並轉移到下一個值得託付的人身上。

只有極少數有智慧的人，能夠與金錢的物質享受保持某種距離。他們深刻明白金錢的優點及缺點，甚至危險。

唯有懂得運用金錢去幫助無數人獲得平凡簡單的幸福快樂，**讓自己的金錢不是存在銀行，而是存在廣大社會之中，與無數人建立正向的生命連結，才能讓自己與整個家族獲得長久穩固的幸福快樂。**

這些對生命有深刻體悟與智慧的人，不再全然依賴有形的物質金錢，也不再相信自己可以緊緊控制一切，而是會信仰積善的無形力量，相信積善所累積的福分與智慧才能順應天命、合乎人心，才能讓自己的晚年有個圓滿的結局，也就是所謂的「善終」。

金錢無法傳承，唯有福慧可以傳家。

生命眞正的財富來自過往累積的幸福回憶

二〇一九年某個冬日早上九點，我來到雲林縣虎尾科技大學演講，與學生分享。

這場演講之所以讓我印象深刻，是因爲演講結束後，一位在門口等候的女孩，送給我一杯星巴克焦糖瑪奇朵咖啡，是特大杯，熱的……

雲林大姊的來信

幾個月前，當我進辦公室時，祕書交給我一封看起來很平凡的信。當我拆開信封，裡頭的信紙是二十六孔裝訂的筆記本用紙，邊緣還殘留著撕下的痕跡。

原本我以爲是一般的讀者來信，但當我打開信紙時，有點愣住了。

猛然一看，信紙上的筆跡很像是小學三年級的孩子寫的，除了字體有些扭曲外，超過一半是用注音寫的，內文的用字也極爲淺顯，還有不少錯字。

然而，這封信並不是孩子寫的，而是大人寫的。沒想到在這個時代還會收到這樣的信，讓我感到有點不可思議，但也引起了興趣，想好好讀下去。

原來這封信是一位年約五十幾歲的大姊寫的，她也來自我的故鄉雲林。我怎麼會知道她的年紀呢？因爲這位純樸的大姊眞的很老實，在信末的署名處，附上了手機號碼、出生年月日與身分證字號，證明這是本人寫的。

這位大姊來自雲林鄉下一個很平凡的家庭，只靠先生一人開校車的微薄薪水養活一家五口人。

「ㄨㄛˇ有三個小孩，ㄨㄛˇㄕˋ個家庭主婦……ㄨㄛˇ有官司ㄨㄣˋㄊㄧˊ，想請峰源律師幫忙，但ㄕˋㄨㄛˇ沒有ㄑㄧㄢˊ……ㄨㄛˇ不知道你ㄏㄨㄟˋ不ㄏㄨㄟˋ理ㄨㄛˇ，但ㄨㄛˇ想ㄕˋㄧˋㄕˋ……」

原來，她先生突然被學校要求退休，因爲事出突然，家裡頓失經濟支柱，而且在退休金的計算上也與學校有不同的認知。對法律毫無概念的他們，手足無措，擔心害怕。

看著這封信，讓我內心百感交集，甚至有些鼻酸，因爲我想起了同樣不識字的阿母……如果我不是律師，如果我的年紀還小，我阿爸阿母遇到類似的法律糾紛時，一定也跟他們一樣無助、孤單跟害怕吧？

約莫在我八、九歲時，一個夏天的燠熱夜晚，住在我舊家附近的表姑，他們家突然發生火災。我只聽到瓦斯爆炸的聲音，阿爸阿母連忙喊著火燒厝了，然後拉著我們幾個小孩趕緊往外逃命。

因爲舊家的巷弄很小，又停滿機車，頂多只能容許一輛轎車小心通過，所以消防隊獲報趕到現場時，消防車也進不來，只能勉強拉水線搶救，也因此讓無情的火延燒更久的時間。

過了分秒煎熬的一段時間後，火勢終於得到控制，但表姑丈已經燒成黑炭，而表姑唯一的孩子，也就是我的表哥，他剛從師院畢業分發當老師，雖然還有一口氣，但也有超過七〇％的燒燙傷，緊急送往醫院急救。

在這短短的幾十分鐘，表姑家毀了，家破人亡……

這個事件讓我印象最深刻的不是當天晚上的慘況，而是事後阿爸替六神無主的表姑出面，與瓦斯控制器廠商交涉賠償的畫面。

幾天前，有推銷員來跟表姑推銷一款號稱可以控制瓦斯量、提高使用效率的瓦斯控制器。表姑家購買安裝後的隔天，就發生了瓦斯爆炸意外。

那家廠商代表律師的傲慢氣勢、阿爸與表姑遇到法律爭議時的慌亂與無助，給我留下極爲深刻震撼的印象。

在那個事件過後，我總是會聽到表姑一次又一次地叨念著：「唉，我哪會這麼歹命……」

當我回神後，我知道，現在的我是專業的律師，我們家不會再因爲法律知識不足而受到欺侮，我們是有能力奮起反擊的，不用一輩子只能在哀聲嘆氣中抱怨歹命。

一股內心湧起的衝動，讓我拿起手機，撥打了留在信紙上的電話。

「您好，我是許峰源律師。」我強烈感受到電話那頭的不可置信與感動……

喚起學法律的初衷，發現生命真正的財富

幾個星期後，這位大姊的先生與校方就退休金的計算達成了和解，彼此都稍作退讓，省下了走法院必須負擔的時間及費用。雖然不是一百分，但也算是圓滿的結果。

更重要的是，大姊他們一家終於能回到正軌，過著平穩安定的生活。

大姊告訴我，大女兒、二女兒都是虎科大的，大女兒已經畢業在虎科大工作，賺的錢都會幫忙負擔家用，照顧弟弟妹妹；二女兒今年大四，明年就畢業了，自己半工半讀賺生活費、繳學費；最小的兒子今年國三，成績很棒，前幾天還接受雲林縣長的

表揚呢。

大姊說：「其實這樣的和解結果我們是接受的，這筆退休金可以讓小兒子好好讀完大學，也讓我們兩夫妻可以平平凡凡過日子，那就夠了。

「我們倆這世人最大的責任，就是把這三個孩子好好晟養（臺語：扶養）長大。儉腸凹肚（臺語：省吃儉用）一世人，沒賺到什麼錢，就賺到三個孝順、懂事的孩子，我們已經很知足了。」

這句話，我也聽我阿爸阿母講過，很熟悉，很觸動。

其實，在我看來，這整個事件我並沒有幫上什麼忙，只是持續關心並提供法律諮詢。但我明白，這時候他們最需要就是這樣的安全感、安定感；簡單講，就是一種**有人可以靠的感覺**。

這位大姊寫給我的信，我一直保留著，或許是因為這封信讓我想起學法律的初衷，或許這封信讓我想起了阿母。

阿爸阿母總是教導我：「咱人那是有才調（臺語：有能力），就要嘎人鬥相共（臺語：幫忙），毋通太計較。」

感謝他們，讓我能夠在這現實冰冷的社會裡，成為一個溫暖的存在。

後來我與大姊一家人一直都有保持聯繫，大女兒傳給我的ＬＩＮＥ訊息說：「媽媽一直稱讚許老師，說許老師是一個好人，一直記得我們，願意關心我們，要我好好記得許老師對我們的好。」

其實，我反而很感謝他們，因爲他們教會我什麼才是生命眞正的財富；也因爲他們，讓我的生命更加深邃與富有。

人生是一場馬拉松，比的啊，不是我們享受過什麼樣的生活，而是現在與未來的我們，甚至年老的我們，會過什麼樣的日子。

身體健康嗎？行動方便能到處走走看看嗎？吃得下、拉得出、睡得好嗎？子女善良、懂事、孝順嗎？子女、孫子在身邊陪伴著我們，隨時看得到嗎？一輩子與人互動累積的經驗是帶給我們幸福，還是痛苦的回憶呢？

在我看來，能夠知足地過著平凡簡單的生活，能夠擁有三個懂事、孝順孩子的他們，是幸福的，也遠比許多家財萬貫的人富有。

平凡簡單的幸福快樂，講起來好像很容易，其實並不容易，必須要有福分；弔詭的是，偏偏福分的累積，與我們拚命追求的金錢與地位沒什麼必然關係。

一個人福分的累積，唯有來自與人爲善的起心動念與實踐，這是一個很不起眼卻又只有極少人可以做好、做滿的智慧。

人到一個年紀之後會明白，想要幸福快樂地活著，靠的不只是銀行裡的存款，而是我們過往累積的幸福回憶，而**幸福回憶必然是與人產生某種正向生命連結意義的時刻**。

一個與無數人有著生命連結、擁有無數幸福回憶的人，是有福分的，是一個能夠過著平凡簡單生活的眞正富有的人。

在虎科大演講會場門口的女孩，就是這位大姊的大女兒。她手中捧著的這杯星巴克，在寒冷冬天的早晨，顯得格外溫暖，從手一直暖到我的心頭。這杯星巴克，很平凡、很簡單，卻讓我感受到什麼是生命眞正的富裕。

第三部

積善的練習
家庭

知識是能力，懂事是品格

虎妞升上小學三年級後，可能因爲長大了些、書多讀了點，時常跟媽媽頂嘴。媽媽被她氣得半死，我在旁邊沒講話。雖然我知道自己一定可以辯贏虎妞，但我沒這麼做。

過了一段時間，我觀察到虎妞的情緒逐漸冷卻，就跟虎妞分享我小時候的一個故事。

我跟虎妞說，天上的阿公、阿嬤一輩子都沒有去學校上過學，阿嬤一輩子甚至只會寫自己的名字。

雖然他們兩個都無法在課業上給我任何幫助，但說來也奇怪，從小我就喜歡看書，自己也非常努力地讀書、考試；多年後，我也眞的如願考上臺大法律系。

剛考進臺大時，我有種幾乎達到人生高峰的感覺。這種激昂、驕傲的情緒在所難免，畢竟臺大法律系是當年文組的全國第一志願。

那時的我，覺得自己書讀得多，知道的事情也多了，口才也變好了。真的，進臺大以後，覺得自己整個人變厲害了。

以為辯贏了，其實輸得很徹底

我大姊當時已經是新聞媒體工作者，每當她跟我討論一個議題，我就覺得自己一定要辯贏她；當我辯到大姊有些怒氣、講不出話時，就覺得自己很厲害、很有成就感。

後來有一段時間，每當我要開始應戰辯論時，大姊就會說：「我知道你臺大的，我辯不贏你，你最棒，我不想跟你說了。」幼稚的我以為自己贏了，大姊連辯都不敢跟我辯了。

有一天，阿母好像念了我一件什麼事，我想都沒想就直接頂嘴回去。我已經忘記具體的內容，但我永遠忘不了阿母那時驚嚇、難過、傷心的眼神……

雖然當時的我並沒有惡意，但或許一方面因爲被念感到心煩，或許一方面想要證明自己長大了、變厲害了，所以想都沒想就對阿母的嘮叨頂嘴。

阿母什麼話也沒說，也沒生氣動手打我，但她的沉默無語，讓我感到非常洩氣與羞愧……原來，我一直以爲自己辯贏了，其實，我輸得很徹底。

不知道爲什麼，那時我腦海裡浮現了阿母蹲坐在塑膠大澡盆旁做泡菜的畫面，雙腳的膝蓋因長年蹲坐而變形、退化疼痛；也浮現了阿爸每天賣臭豆腐賣到凌晨一、兩點回到家收攤的畫面，全身上下永遠散發著臭豆腐油膩的味道。

我內心突然湧現一股難以言喻的情緒，感受到阿爸阿母辛苦流汗賺錢供我去學校讀書，讀了那麼多的書，回到家裡，卻跟沒有讀過書的阿爸阿母頂嘴，讓他們難過、傷心，這算什麼本事?!這樣的本事值得驕傲嗎？

我問虎妞：「妳覺得爸爸當初跟天上的阿嬤頂嘴，會不會讓阿嬤很難過？這樣做好嗎？妳會跟當初的爸爸做一樣的事嗎？」

虎妞若有所思，低頭不語，眼神飄向旁邊後，輕輕地搖著頭。

我繼續跟虎妞說，後來我躲回頂樓的房間裡，默默地做些無關緊要的事情，慢慢地消化自己矛盾的複雜情緒。

一直到晚餐時間，阿母一如往常在公寓樓梯間大聲呼喊我的名字：「峰源仔，下來吃飯喔。」

當我下樓，阿母看到我時，並沒有罵我，依舊在廚房與客廳之間忙進忙出，端菜上桌。

我內心依舊有拉不下臉的自尊，但最後還是鼓起勇氣跟阿母說：「阿母，歹勢，以後我不會像剛才那樣尬您說話了。」

阿母聽到後，沒有多說什麼，只是用豐腴的身軀環抱已經比她高出好幾個頭的我，笑著說：「憨囡仔，好啦、好啦，無什麼代誌，趕緊去吃飯，別餓著了……」

故事講完後，虎妞沒有多說什麼，回去自己的房裡，隨意翻著書。在沉默的氣氛中，我感受到她情緒的消化，並隱約感受到她內心某種難以言喻的轉化。

一段時間後，我看到她走出房門，到廚房從背後環抱正在洗碗的媽媽的腰，很小聲地說了些什麼。只見我老婆臉上露出了跟我阿母當年極爲類似的慈祥笑容……

我們身上所有的一切，都來自父母的付出與犧牲，這是無法量化的生命連結，一切都會在內化後，成爲不可分割的我們。這樣的生命一體性非常珍貴、非常有力量，更是無以回報的。

不只學習知識，更是為了懂事

很多人說我是一個很聰明、很有天分的人，可以做好很多事情，贏得某種程度的財富及地位。但，我卻認爲我眞正的天分，或者應該說是福分，是我內心總能在某些生命的關鍵時刻浮現自我反省的心念，這是最珍貴的福分及老天爺的庇佑。

我們從七歲上學到二十二歲大學畢業，讀了很多年的書，學習了很多知識、技能與專業。表面上，我們好像知道了很多事，但我們眞的懂事了嗎？

一個人書讀了很多，知道了很多，不代表懂事。所謂懂事，是懂得最根本的做人處事的道理，是懂得對曾經幫助過我們、爲我們付出，甚至犧牲的人始終保持感恩的心念——無論現在的我們是不是已經比他們厲害，無論他們對現在的我們有沒有利用價值——這樣才是一個成熟的大人。

知識的多寡，只是一個人的能力；懂不懂事，卻是一個人的品格。而最後決定人一輩子的關鍵，不是知識，而是品格。

就像我們從學校畢業、在社會歷練多年後，可能比當初的小學老師還專業，難道就能夠看不起老師嗎？

就像我們經過多年訓練後的球技，可能已經比當初小學的啓蒙教練還強，難道就能夠看不起教練嗎？

那些曾經幫助過我們、提拔過我們的人，或許對現在的我們已經沒有直接的利用價值，我們還能像當初一樣感謝他們、重視他們嗎？還是已經把他們遺留、遺忘在手機通訊錄裡很久了呢？

如果有這樣一個忘恩負義的人，縱使他獲得很大的成功、賺了很多錢、擁有很高的地位，我們會怎麼看他？我們會希望自己成爲這樣的一個人嗎？

捫心自問，在我們身邊圍繞的衆人之中，能有幾個是發自內心希望我們成功、希望我們幸福快樂？更不用提希望我們比他們還成功、比他們還幸福快樂了。

然而，這世上就是有像我們的父母親這樣的傻子。

父母爲我們付出、奉獻一輩子，只是很單純發自內心希望我們可以成功、可以幸福快樂，衷心盼望我們這輩子可以比他們更成功、更幸福快樂。

他們會因此而感受到榮耀與幸福快樂的反饋，這是生命中最難得與珍貴的連結。

上學的眞正目的，不只是學習知識，更是爲了懂事。所謂的大學、大學，是學習成爲大人之學，成爲一個眞正懂得知恩、感恩、報恩的成熟的大人。

後來，我也去跟我大姊認錯、和解了。

我明白，很多時候贏了不是眞正的贏，反而是輸得很徹底，因爲我們輸給了自己的驕傲心、功利心。我慢慢**懂得認輸、懂得退讓，因爲我知道對家人釋出和解的善意時，我沒有輸，而是全家人一起贏。**

讀了那麼多書，我自己是一本值得閱讀的好書嗎？

我們家兩個女兒，從小在家裡看到爸爸最常做的事情，就是時時刻刻手裡都拿著一本書在閱讀，家中各個角落，擺放著數以百計的書。

她們慢慢長大後，也有樣學樣，喜歡起閱讀這件事。在我們家，父女三人一起閱讀的景象時常可見，更是甜美的幸福回憶。

然而，讓孩子學習閱讀這檔事，並不如想像中那麼簡單，不是丟本書給孩子讀，他們就會如我們所願好好閱讀。

閱讀要先從有趣開始

最早的時候，是由我講繪本給兩個女兒聽；慢慢地，透過閱讀過程的說明，她們認識字了，就能夠自己閱讀一些童書了。

虎妞上小學後，便能開始閱讀所謂的橋梁書，還會當小老師教心心識字。

後來，我除了在博客來買自己閱讀的書，也會特別撥出時間爲兩個女兒挑選好書。

不只是我，幾乎每一位父母親爲孩子挑選書籍時，都會對那本書寄予某種程度的期待。

例如，挑選《愛哭公主》《生氣王子》，就是希望孩子懂得情緒管理；挑選《拼被人的故事》，就是希望孩子懂得分享；挑選《兒童的美德書》，就是希望孩子養成良善的品格。

但在我陸續買了幾十本書後，我發現單純買給孩子看，效果並不好，因爲期望孩子主動拿起我們希望他們看的書，有難度。

我發現我挑選的書，不是像繪本那樣以圖畫爲主，而是講了很多好道理，但不是那麼有趣的書，孩子也就不見得想看或看得下去。

難怪不管我買再多所謂的好書，虎妞跟心心還是最喜歡賴馬的《愛哭公主》。

有一天，虎妞主動跟我說：「拔比，下次你買書的時候，可以幫我買《怪傑佐羅力》最新一集嗎？」

「最新一集？現在出到第幾集了？」

「第五十一集。聽說下星期會出第五十二集。」

「什麼？五十二集！所以妳之前的都看完了？」

「是啊，我到圖書館借書看完了。」

五十一集都看完了！

閱讀，眞的要先從有趣開始啊……

這讓我想起我們小時候發展閱讀興趣時，也是從漫畫書開始，像《七龍珠》《小叮噹》《蠟筆小新》等。我們讀這些書，**不是爲了學習，單純是因爲有趣**。

這次的經驗讓我學習到，孩子畢竟是孩子，培養閱讀習慣，應該從有趣的書開始。

因此，透過《怪傑佐羅力》《屁屁偵探》等有趣、搞笑的橋梁書，兩個寶貝女兒開始建立閱讀需要的字彙量。

等她們再大一點，我開始挑選有點難度的好書。但跟以前只是把書給她們自己讀不同，我會有計畫地撥出時間，自己閱讀買給她們的書。

當我一本一本慢慢讀完、消化後，跟兩個女兒閒聊時，就會不時提到書裡面的故事、情節，引起她們的好奇、興趣、疑問後，再引導她們去書中找答案或結局。

看到不懂的字詞或成語，她們會來問我或自己查辭典，慢慢累積了更多閱讀所需的詞彙。

這樣的模式滿有效的，所以我們父女三人常在吃飯、睡前聊著一個又一個書裡的故事與情節。

有一天，虎妞放學後跟我吃晚飯時，突然問我：「拔比，爲什麼董卓那麼好色？爲什麼劉備的筷子要掉到地上？那個關羽很重義氣耶，曹操給他那麼多禮物，他都還是要回到劉備身邊耶……」

聽到虎妞的問題，我非常驚訝，愣了一會兒，問虎妞：「妳在讀三國演義？是在哪裡看到的？」

虎妞回答：「在安親班的書櫃上啊。我寫完作業後，老師說可以自己到書櫃上拿書來看。」

哇，居然讀了三國演義耶！

我笑著對虎妞說：「那妳知道關羽是誰嗎？」

「我知道啊，他就是跟劉備、張飛桃園三結義的二哥啊！」虎妞一臉驕傲地回答。

「虎妞，妳聽清楚喔，關羽就是我們家神明桌上的關聖帝君，也就是我們每天拜的關帝爺公。」

「眞的嗎！」虎妞一臉驚喜樣。

那晚回到家後，虎妞在神明桌前拜拜時，跟關帝爺公說：「我有在讀您的故事喔。」

經過好幾年的培養，兩個寶貝女兒慢慢建立了閱讀的習慣，這讓我很開心，很有成就感。

直到有一天……

讓孩子好好閱讀「父母」這本書

吃完晚飯，我坐在客廳的沙發上，讀著老子《道德經》，深奧難解的語句讓我陷入沉思。

就在這時，心心騎著她最愛的小挖土機來到我身邊，大叫一聲：「拔比！」

我嚇了一跳，剛剛快要突破的靈感瞬間被打斷了！

我不自覺發起脾氣來，大聲罵心心：「妳有話不能好好說嗎?!」

心心嚇得哭了出來。

看她哭了起來，我愣住了，心疼不已。

原來，她是要拿剛從扮家家酒中做好的餐點給我吃……

我叫她要好好說話，我自己呢？還不是大聲罵了她？

後來，我趕緊抱著她，向她道歉。然後我把書放下、闔上，專注地吃著她用心爲我準備的餐點。

這次的經驗讓我深刻反省。我自問，如果我讀書讀到一半會被孩子打擾而心煩亂發脾氣，那讀那麼多書有什麼用？如果連這點修養都沒有，讀再多書也沒有意義。

從那天起，我明白，一直買很多書給孩子閱讀，期待她們從書中學會知識與道理，意義並不大，也不再重要了。

我深深體悟到，最重要的是，讓兩個寶貝女兒能夠好好閱讀「我」這本書就好。對她們來說，身爲父親的我這本書，才是影響她們一生最深、最廣的一本書。

然而，我是一本好書嗎？是一本値得她們終生學習、閱讀、參悟的好書嗎？我到底是一本什麼樣的書呢？

現在的我，雖然還是會爲女兒挑選好書，但已經不再執著於各種要她們閱讀的方法。

我關注的是，**自己能否用心聆聽兩個女兒跟我說的每一句話，能否好好跟她們說話**；身爲父親的我每一天的言行舉止、所作所爲，能否成爲正向影響她們的榜樣與力量，成爲一本值得她們珍藏一生的好書，一本充滿平凡、幸福回憶的好書。

最近心心晚上睡覺前，都會拿她喜歡的書，說故事給我聽。幼兒園大班的她，像教學生一樣用心講故事給我聽，還稱讚我是個乖學生。她告訴我，她長大以後要當一位很棒的老師喔。

我逐漸明白，我不再執著於大量閱讀後的心得，也不再以讀懂經典爲傲，而是用心去讀懂兩個寶貝女兒的心——這才是我這輩子最重要、也最幸福的一本書！

孩子是看著父母的背影長大的

一如往常的早晨，送兩個寶貝女兒到小學及幼兒園上學。

就接送行程來說，會先搭車送虎妞到學校後，再輕鬆愜意地與心心步行到附近她就讀的幼兒園。

因爲虎妞的小學規定七點五十分前要在教室裡坐定，所以送虎妞到小學這段行程會很拚、很趕；但送完虎妞後，幼兒園的上學時間就比較沒有緊迫感，所以可以牽著心心的小手手漫步，輕鬆地走著、聊著。

路過小學旁的7-11，心心撒嬌地說想要買牛奶配早餐。我的大手不自覺地被心心的小手牽著進去了7-11。

心心很開心地到冷飲櫃前仔細看著、挑著她想喝的牛奶；我則是瀏覽著書架上的書籍雜誌封面。

突如其來的求助

這時，我身後有人輕拍我的背，很有禮貌地問：「請問，您是許峰源律師嗎？」

「我是，請問您是？」穿著輕便家居服送小孩上學的我，顯得有些尷尬。

「我……方便請教您法律問題嗎？」對方是一位年約四十來歲的小姐，她的擔憂與緊張全寫在臉上。

「現在嗎？這裡嗎？」我感覺對方不是一時興起，而是有備而來：「妳怎麼知道我會在這裡出現？」

「我是××國小的學生家長，在學校聽過您的演講。我向學校老師打聽過，知道您的女兒也是讀同一個學校，每天您都會送孩子來上學，都會經過這間便利商店。我知道這樣很唐突，也很不好意思，但我們眞的求助無門了，可以求您幫幫我們嗎？」

心心挑好她的牛奶，站在我旁邊輕拉我的衣角。

雖然心裡毫無準備，有點突然，當下的場景也顯得有些尷尬，但我還是遵從了內心的指引。

我蹲了下來，跟心心說：「這位阿姨家裡遇到需要幫助的法律問題，妳願意等拔比一下，讓拔比聽聽看她們家遇到什麼法律問題嗎？」

心心似懂非懂地點了點頭。

這位小姐眼眶噙著淚水，從肩上斜背的尼龍布包包裡拿出了一份判決書。

原來，這位小姐是一位單親媽媽，自己一個人扶養兩個孩子，與母親四人相依為命，是中低收入戶。但她的母親日前清晨出門運動時，遭到一輛汽車撞擊死亡，而一審判決雖然判對方有罪，但對方早已脫產。然而，對方明明有財產，還是果菜市場的批發商，但她們家人卻拿不到一毛錢的賠償。對方說，最多拿二十萬出來賠，多的一毛都沒有。

其實，這個案件是有解的。首先，一審法官故意判處七個月有期徒刑，不得易科罰金，也沒宣告緩刑，這是法官幫被害人家屬做的球，逼加害人要與被害人家屬和解。第二，脫產不是說脫就能脫的，不是一般人以為的過戶給別人就沒事了。

當然這個案件的法律分析不是本文的重點，重點是我當下給了她一些處理的策略與建議，讓她們可以好好接住法官做的球，然後讓加害人把錢拿出來好好與她們和解。

心心很有耐心在旁邊等待了很久，最後這位小姐用袖子拭去淚水，滿聲感謝地離去。

我又一次牽著心心的小手手，滿臉笑容地一起散步走向幼兒園。

心心問：「拔比，你的心情看起來很不錯喔。」

「是啊，今天的天氣特別好，因爲，拔比做了一件很有意義的事情喔。」

後來約莫過了三個星期，同樣早晨送兩個寶貝女兒上學的類似場景。

當我左手牽著心心的小手手，右手牽著虎妞可愛的小虎掌，快要走到學校大門口時，有人喊著我的名字，聲音不大，帶點緊張的情緒。

我回頭看，一眼就望見了幾個星期前的那位小姐。

她站在校門口外的花圃旁，雙手提著一個小小的禮盒，看到我回頭望後，走向我們。

「謝謝許律師的幫忙，對方現在願意眞的把錢拿出來跟我們和解。眞的很謝謝您願意幫忙我們。」她又一次噙著淚水說著。

聽到這個好消息，我自己也很高興。

她將手上那盒快車肉乾的小禮盒提到我面前，說著：「這是一點小小的心意，請您一定要收下。」

雖然我說自己只是提供建議而已，沒幫上什麼忙，但她說：「光是您願意停下腳步，幫我們看判決書，願意聽我講這個案件，還給我們專業的建議，就給了我們很大的安全感，幫了很大很大的忙了。」

我收下了這個小禮盒，貪吃的心心看到肉乾眼睛都亮了，倒是一旁的虎妞滿臉疑惑地看著眼前的這一幕。

父母的言行不自覺影響著孩子

這位小姐離去後，虎妞連珠炮似地問了一個又一個問題，心心滿臉得意地跟姊姊講著來龍去脈。

虎妞問我：「拔比，原來法律可以幫助別人啊?!」

「法律是一種專業知識，是一把很鋒利的武器，可以用來幫人也可以用來害人，就看我們自己的起心動念。當然，這也將決定我們自己會是一個什麼樣的人。」我的手輕撫著虎妞的頭，語重心長地與她分享。

虎妞若有所思地走進了校門口，我也牽著心心轉身慢慢離開。

約莫走了十幾公尺後，我回頭看看虎妞有沒有安全走上樓進教室。

這時我才發現，原來虎妞一直沒有走進去，而是站在進校門後的廣場上，遠遠望著我的背影……

當我們四眼相望時，虎妞感到很驚喜，臉上露出了一種想通了什麼事情的燦爛笑容。她瞇著可愛的小眼睛，然後把雙手彎曲放在頭頂上，對我比出了一個大大的愛心。

心心也很開心，只是一直盯著我手裡的肉乾，問我什麼時候可以吃。

這天早晨的天氣很晴朗，陽光溫暖照耀著一切，老天終究沒有辜負一個無助的平凡人。

這位請我幫忙的小姐，姓徐。雖然徐小姐很感謝我，但其實在我內心裡，我對她的感謝遠遠勝過她對我的。

因爲，**徐小姐與我的好緣分，讓我的兩個寶貝女兒看見了她們父親帥氣的背影**。

爲人父母，總是努力要教導孩子些什麼，希望她們懂得做人、能夠處事。然而，無論父母親說得再多，孩子都不見得會眞正聽進心裡。

孩子都是從父母親眞正的言行學習成長的，父母親平日待人處事時，講了什麼話、做了什麼事，都會一點一滴不自覺地影響著孩子，無法刻意，無法安排。

一切都取決於爲人父母的我們自己到底是一個什麼樣的人。

孩子都是看著父母親的背影長大的。

感謝徐小姐，因爲您，因爲這難得的好緣分，讓我的女兒親眼見證父親做了一件好事，讓她們感受到自己的父親是一個平凡簡單的好人。

從卸責到負責，從負責到當責

在洗手間大號時，最怕遇到的事情之一，就是沒有衛生紙……

通常如果在外頭，想大號，進廁所前，一定會先確認裡面或自己身上有沒有衛生紙；但在自己家裡，我們通常會推定一定有衛生紙，所以就直接上了。

有一天，在家裡很輕鬆自在上完廁所後，伸手要拿衛生紙，發現只剩下塑膠包裝袋，裡面空空的。雖然家裡有舒適的凱撒衛浴免治馬桶座，但還是要把水擦乾啊……還好，我們家虎妞跟心心都已經稍微長大了，可以幫忙拿一包新的衛生紙過來。

「虎妞……可以幫拔比拿一包衛生紙過來嗎？」我溫柔輕聲呼救著。

乖巧的虎妞，立刻放下手上的亞森羅蘋故事書，幫我拿來了一大包全新未開封的衛生紙，然後就離開了。

後來晚上睡覺前，我們躺在床上聊天時，我跟虎妞與心心分享了一個我以前訓練助理的小故事，我說這跟早上的衛生紙有關喔……

買早餐，不簡單

以前在經營律師事務所時，當有新的助理來上班，通常我安排的第一件小任務就是：幫我買早餐。眞的，就是買早餐這麼簡單的小事。

我們事務所樓下就有一間美而美早餐店，通常我在出家門、準備進事務所前，會打一通電話，讓助理幫我去樓下買早餐。我買的東西很簡單，通常是火腿蛋吐司、冰咖啡。

當我進事務所時，助理已經買好我指定的早餐，放在我的辦公桌上了。幾乎毫無例外，年輕助理通常就是把買好的火腿蛋吐司和冰咖啡裝在同一個塑膠袋裡，然後放在我的辦公桌上。

這時候，我會把助理叫進辦公室，然後要她把火腿蛋吐司與咖啡分別取出來，讓她看看發生什麼事。

這時候的火腿蛋吐司因爲跟冰咖啡擺在一塊，所以會迅速冷掉，吐司紙袋上布滿濕濕的水漬。火腿蛋吐司因爲冰咖啡而變涼了，冰咖啡也因爲吐司的高溫變得不那麼冰了……

我問助理：「這樣的早餐會好吃嗎？」

「對不起……」這通常也是助理的直覺標準回答。

第二天，同樣的買早餐任務。

通常第二次，助理就會把火腿蛋吐司與冰咖啡分開放。

這時，我依然會把助理叫進辦公室，讓她看看發生什麼事。

她們看著吐司與咖啡，臉上往往會露出稍微疑惑的表情，因爲這次吐司與咖啡沒有互相影響，看不出來有什麼問題啊。

接著我會問助理：「第一，現在這袋火腿蛋吐司已經不那麼熱了，吐司皮因爲冷卻也不那麼脆了。第二，冰咖啡在退冰的過程中，杯外凝結的水滴會沿著杯子往下流，在我的檜木辦公桌上留下一小片水漬（如果是冬天，熱咖啡會對檜木桌有傷害，形成一片白色霧狀痕跡）。

「所以，妳是不是應該仔細確認我從家裡到辦公室的車程時間，才能更恰當掌握下樓買早餐的時間？妳是不是應該想到可以在早餐的下面鋪上餐墊，避免辦公桌弄髒或形成水漬痕跡？當然，如果還可以的話，是否可以想到我吃早餐一定會用到衛生紙，擺幾張摺好的衛生紙在旁邊呢？」

一如既往，通常一件原本看似不起眼的買早餐任務，稍有悟性的助理也要到第三天才能眞正學會。

不知道你是不是跟當時的那些助理一樣，覺得我這個老闆很龜毛、很機車？有這樣的感受是正常的，因爲被挑剔的感覺肯定不好受的。

但爲什麼我要這樣做呢？

我跟助理說：「因爲我們出社會做事，別人不會給我們第二次機會，客戶付我們這麼昂貴的律師費，一定會期待與要求我們的服務要一次到位，甚至做得比他們想的還多、還好、還圓滿。就像我們委任一位律師時，如果他只是按時寫訴訟書狀，然後人有準時出現開庭，我們就滿意了嗎？最重要的是能夠幫我們想到所有可能的爭點、解決所有可能的問題，並打贏最後的官司吧。所以，一件事情只是有做了，是不夠的；做好了，也是不夠的；要能比客戶想得更早、想得更多、想得更遠，並且全部都做到、做好、做圓滿，才是勉強及格的。這就是我們律師業的生存之道，更是妳未來在我們律師事務所工作時，必須具備的基本態度。」

虎妞好奇地問我：「這個故事跟早上的衛生紙有什麼關係呢？」

我跟虎妞說：「早上拔比請妳幫忙的是拿一包衛生紙給我，雖然表面上這個任務只是拿一包衛生紙，而妳也眞的拿了一包衛生紙給拔比，但這件小事有沒有可能可以做得更好、更多、更圓滿呢？」

虎妞陷入了沉思之中……然後好像突然想到什麼似地回答：「對了，可以幫拔比把衛生紙的撕封口好好地撕開。」

我說：「非常好，虎妞已經比別人多想到一步了。那妳再想想，有沒有可能可以再多做一點點什麼？」

虎妞再一次安靜下來思考……過一小段時間，她開心大笑了起來：「對了對了，我可以幫拔比把第一張衛生紙好好地抽出來！」

我開心地抱著虎妞說：「非常棒，沒錯！虎妞妳又比別人多走了一小步。不要小看這一小步一小步，這對妳的人生就是非常關鍵的一大步。」

原子習慣，養成負責、當責的態度

人與人之間聰明才智的差異，沒有我們想像的那麼大，人與人之間眞正的差異，其實就是在這樣一小步一小步的差異累積而來的思維、態度、性格，是這些一小步一小步的差異決定了我們一生的成就與命運。

當我們遇到一件需要面對、處理的任務時，很多人的直覺反應是逃避、厭惡、覺得麻煩。他會順著自己內心的懶性、惰性，找到可以推託的理由，最好可以推得一乾二淨，這是一種卸責的表現。

有些人雖然沒有推託逃避，但也只是把事情做了、做好了，就像該打的電話打了、該塡的資料塡了、該說的話說了，就這樣，可是問題卻不一定獲得眞正的解決。這樣頂多稱得上負責。

這世上只有極少數的人，不只沒有推託逃避，也不只把事情做了、做好，還能比其他人多走幾步，多想一些、多做一些，讓事情有具體的成果，讓事情有圓滿的結果。這就是非常珍貴難得的當責態度。

人啊，無論做任何事情，做久了，一定都會進步的——卸責卸久了，就很會卸責；負責、當責久了，也就能夠成爲一個負責的人才、當責的大才。

不只要Do something，**還要**Do more，我們必須針對最後的具體成果，多想一點、多做一點，不要輕易滿足、不要輕易放棄，盡己所能多走幾步。有時候，這看似不起眼的幾步卻能翻轉整個局面，帶來意想不到的好結果，這也是我多年累積做人處事的最大心得。

我讓虎妞拿出一台電子計算機，按著0.9×0.9×0.9……我要她觀察連按十次後的結果是多少。

答案是：0.3483。

再來，我讓虎妞改按1.1×1.1×1.1……同樣地，我也要她觀察連按十次後的結果是多少。

答案是：2.5934。

虎妞驚奇地問我，爲什麼一開始的一點點差異，到後來會差這麼多？我回答她，繼續按下去，差異更大。

從她感到驚奇的表情，我明白她學到了人生非常重要的一課。

幾天後，虎妞請我幫她把在iPad上截圖的偶像學園的美月圖片印出來，她想要著色後，送給同樣在蒐集偶像學園卡片的同學。

接到虎妞的撒嬌拜託後，我立刻放下手上的書，幫虎妞從iPad上直接連接印表機後印出。結果我發現，印出來的圖片只有不到四分之一A4的大小，但在iPad上無法直接修改列印設定。

於是我試著把圖片從iPad傳送到iMac蘋果電腦裡，接著在照片程式裡進行圖像裁切放大後，重新選擇印表機的列印設定，改爲「塡滿」設定，最後再重新印出。果然，這次印出來的是完整滿滿的A4圖片。

虎妞心滿意足、開心地笑了，還親了我一下。

我跟虎妞說：「如果拔比沒有立刻放下書幫妳印，或者後來根本忘記了，哪怕說了再多理由，都只是卸責而已。如果拔比只是幫妳從iPad上列印，卻不管最後圖片的大小，那也只是負責而已。但拔比卻幫妳把圖片從iPad傳輸到iMac電腦上，還花時間幫妳裁切放大圖檔，修改列印設定，最後印出完整填滿效果的圖片，這樣才是當責的表現，懂嗎？」

虎妞瞇著眼，大聲笑著說：「懂懂懂，我都有記在心裡喔。」

「對了，拔比，爲什麼你要教我跟心心這麼多事情啊？」虎妞一邊替圖片著色，一邊問我。

我又再一次放下手上的書，用心、認眞、帶著一點點嚴肅地回答她們兩姊妹：「如果爸爸媽媽只是把妳們生下來，卻不照顧妳們，連飯都吃不飽、衣服都穿不暖、也不讓妳們有家可以住、有學校可以上，那我們就是卸責了。如果爸爸媽媽只是讓妳們吃飽穿暖、享受好的物質生活，那頂多是負責而已。但如果虎妞與心心可以因爲爸爸媽媽的榜樣、思維、教育，在未來長大成人後，成爲一個有能力就幫助別人、沒能力至少不傷害別人的簡單的好人，這才是當責，也才是勉強及格的父母親。」

在寬容的氛圍中，保留孩子自省的心念

一如平日晚上，我們一家四口在外面吃完晚餐後回到家。不同的是，兩姊妹見面後，不知道虎妞姊姊跟心心妹妹說了什麼。心心整個晚上都面帶微笑、充滿幹勁，好像受到什麼東西驅動著，像興奮、可愛的拉布拉多犬一樣，一回到家就東奔西跑。

心心不但自己準備衣服、自己洗澡，還高興到一邊哼著歌；洗完澡後，小小身軀舉起重重的吹風機自己吹頭髮。盥洗完畢後，不吵不鬧，也不打擾虎妞跟媽媽複習功課，自己拿著心愛的森林家族熊玩起扮家家酒。

不責罵、不論斷，安靜陪伴就好

我跟老婆搞不清楚是什麼狀況，只見獅子座的虎妞臉上露出一抹微微的得意笑容。

然而，小孩子的情緒變化就像半山腰的天氣一樣，轉瞬即逝，變化無常。

到了晚上九點多，虎妞姊姊跟媽媽複習功課已經到了疲乏、不耐煩的臨界點，而心心等待的耐心似乎也來到無法控制自己的極限了。

心心默默地挪動步伐，悄悄來到虎妞身旁，小小聲在虎妞耳朵講了些什麼。

兩姊妹在那邊講來講去、比來比去、瞪來瞪去後，只見虎妞突然大爆發，大聲說：「我才沒說過要分給妳！」

聽到虎妞大聲回答後，愣了一下的心心開始爆哭。「有，妳明明說，只要我回家乖乖洗澡、乖乖自己玩，妳就會分享給我的……」

原來，虎妞今天在學校表現良好，老師送給她一小條四顆裝的原味曼陀珠糖果。

心心說，姊姊傍晚有給她看曼陀珠，她從來沒有吃過曼陀珠，眞的很想吃，「而且我都已經乖乖按照姊姊要求的做到了。」

虎妞說：「曼陀珠是我的，但我從來沒有說過要分享給心心，而且我在複習功課，她一直來吵，我更不可能分給她了。」

看著氣噗噗的虎妞，心疼著哭得山崩地裂的愛吃心心，我該怎麼做呢？兩姊妹誰說的是眞話呢？我該相信誰呢？對質有用嗎？不就是一小條曼陀珠糖果嗎？我內心翻湧著各種念頭及想法……

我把自己的注意力轉回到自己的呼吸，一吸一呼、一吸一呼……我調整好自己後，什麼也沒說，只是先好好抱抱滿臉淚水、哭得聲嘶力竭的小心心，安撫著她，然後讓火山噴發中的虎妞自行消停冷卻。我克制自己安靜陪伴就好，不分析、不論斷、不責罵、不評論，給每個在情緒中的家人一些時間、一些空間，包含我自己。

雖然虎妞看我抱著心心很不爽，但因爲我也沒說誰對誰錯，加上她們最愛的媽咪也沒偏袒誰，所以這場爭吵就在她們兩姊妹不跟對方說話，分睡兩張床，虎妞抱著淡藍色角落生物的龍龍、心心抱著粉紅色的佩佩豬睡著了。

有時候，不用急著解決問題，讓問題持續存在一小段時間。因爲當人在情緒中，尖銳的言語、對立的指控翻攪之下，我們不可能看清問題的全貌，也無法在人們緊繃的心、複雜的情緒之中，找出有智慧的解決方法。

情緒總會過去的，就像暴風雨來得快，去得也快。太陽會在我們寬容的等待心念中，慢慢地再次閃耀，問題解決的契機往往就在撥雲見日的瞬間，自然、無礙地浮現。

為什麼不能兩個都相信？

隔天一早，兩姊妹還是在冷戰中，誰也不跟誰說話，但看得出來，情緒有比昨天晚上冷卻許多了。

坐在通往學校的計程車上，愛吃的心心似乎依舊惦記著糖果，小小聲地說：「爸爸，姊姊眞的有說要給我一顆曼陀珠……」

虎妞臉上閃現了一絲警備，立馬爲自己爭辯說：「爸爸，我才沒有說過，是心心自己聽錯了。」

兩姊妹又開始妳一言我一語，最後要我說說，到底我相信誰說的話？

我說：「我兩個都相信。」

聽到這樣的回答後，換兩姊妹愣住了，然後齊聲說：「哪有這樣的？只能相信一個，哪有什麼兩個都相信的……」

我平靜穩定地微笑回答：「爲什麼我只能相信一個，不能相信兩個呢？妳們兩個都是我的寶貝，爲什麼我不能兩個故事版本都相信呢？

「我相信虎妞眞的沒有說過要分享曼陀珠給妹妹，我也相信心心說只要乖乖做好應該做的事情後，姊姊答應會分享曼陀珠給她。妳們兩個說的故事，我都相信，沒關係的。」

突然間，車上一陣靜默，連計程車司機大哥都不時透過後照鏡，用眼睛餘光瞄向我們父女三人，然後忍著嘴角的微笑。

就像剛下過雨的天氣，濕溽的地上緩緩照耀著雲散後的陽光，虎妞支支吾吾地打破了沉默：「我是有說過要分享一顆曼陀珠給心心，但因爲心心在我還在複習功課時就來吵著要；而且，因爲原本四顆曼陀珠，我自己吃掉了一顆，分享給兩個好朋友各一顆後，我只剩下一顆……」

虎妞願意跟我說她自己的內心話了，我眞的很開心、很感動。我知道虎妞是鼓起很大的勇氣，才能把眞實的故事版本說出口。

我輕輕壓抑著內心的激動情緒，溫柔地、慢慢地抱著虎妞說：「虎妞寶貝，妳很棒，眞的，謝謝妳願意跟爸爸分享這段話。」虎妞也抱著我，頭輕輕靠在我的肩膀上，我隱約聽到虎妞鼻子輕聲抽吸的聲音。

抵達集美國小，我跟心心送虎妞進去學校後，在前往心心就讀的幼兒園之前，我牽著心心逛進一間7-11。

我慢慢地牽著心心來到餅乾糖果區。心心心中有些疑惑，但看到餅乾糖果區後，眼睛突然睜大了一．五倍。

我跟心心說：「爸爸讓妳挑一條曼陀珠，看妳自己喜歡什麼口味。」

心心開心地挑了一條十四顆裝、葡萄口味的曼陀珠。

我問心心：「這條曼陀珠，妳願意跟姊姊分享嗎？」

心心臉上洋溢著幸福笑容，大聲回答說：「願意。我願意跟姊姊分享。」

到了傍晚，我牽著心心去安親班接虎妞下課。

一到安親班，見到姊姊，心心立馬把她珍藏在包包裡的曼陀珠拿出來，並且有條理地跟姊姊說：「姊姊，我跟妳說喔，爸爸買給我一大條曼陀珠喔，我分享給翊翊、岑岑（她的表哥跟表妹）一人一顆，然後爸爸跟媽媽一人一顆，我自己吃了兩顆，我們一人還可以吃四顆喔。」

我一直相信，每個人內心都有一顆充滿向善力量的太陽，讓我們有自省的能力；而這樣的直覺感受力，必須在情緒冷卻，以信任爲基礎，並在盈滿著寬容的氛圍中，才能像烏雲散去後的陽光，自然無礙地浮現、照耀。

孩子有選擇的自由，但唯有真誠才能問心無愧

或許有人問，如果虎妞最後沒有把眞實的故事版本說出口，怎麼辦？

沒關係的，她有選擇不說出口的自由。

或許有人會說，小孩子怎麼可以讓她們說謊？

沒關係的，小孩子爲什麼不能說謊？是人都會說謊的，你我都會的，爲什麼不能寬容小孩子也可以選擇說謊？

在虎妞勇敢地說出眞實的故事版本後，我也沒有要求虎妞把那最後一顆曼陀珠拿出來分享給心心。

或許又有人會問，我們大人不是應該要教孩子懂得分享，要能夠說到做到？

沒關係的，小孩子爲什麼一定要分享，爲什麼一定要每件事都說到做到？虎妞只剩下一顆糖果，就小孩子來說，本來就會捨不得，是人都會有捨不得的時候，也都會有說到做不到的時候，爲什麼不能寬容小孩子也可以捨不得，也可以做不到呢？

不管虎妞有沒有把眞實的故事版本說出口，我都是愛她的；不管虎妞有沒有把那最後一顆糖果分享給妹妹，我都是愛她的；哪怕一直到最後虎妞什麼都不願意說，我依舊願意耐心等待，沒關係的，我都是愛她的。

我們是一家人，是一個家庭，不是法庭。她們兩姊妹不需要一個能夠明斷秋毫的父親，而是需要一個能夠包容她們、無論如何都願意愛她們的父親。**爲了愛，有點笨、稍微傻也沒關係**。

當一個家庭充滿過多是非對錯的說教、評斷、批評，會在有意無意、有形無形之中，破壞了對話的信任基礎、腐蝕了寬容的氛圍。

太過精明的父母，往往容易養出在家裡連話都懶得說的孩子，而很多問題往往就是從不說話開始……

當孩子感受到被信任、被寬容的氛圍時，才有可能消融防衛、敵對的情緒；當孩子感受到自己有不說出口、甚至說謊的自由，她的內心才有自省的餘地，才有眞誠面對自己的力量，因爲一切都是她自己的選擇。

她選擇隱瞞，她必須自己面對自己的心；她選擇說謊，她也必須自己面對自己的心。而經過無數次的驗證，她會慢慢體悟，雖然眞誠是最困難的，但只有眞誠，才能放過自己，才能問心無愧地面對自己，並且在超越自私、恐懼、懷疑後，從內心的太陽汲取到光明的力量。

我對於能夠保留孩子自省能力的太陽，是最重視的，遠超過任何知識、技能教育。因爲身爲父親的我，不太可能陪伴她們一輩子，更不可能隨時緊盯著她們。終究，她們必須建立自我覺察、自我反省的心念，並能夠感受、遵從內心太陽的指引好好活著，成爲一個善良、正直的人。

晚上回到家，虎妞放下書包後，拉開拉鍊，緩緩拿出那顆僅剩的原味曼陀珠給心心，用著獅子座愛面子的口吻說：「給妳啦。」心心開心地笑了，虎妞也笑了。

原來，今天一整天在學校、安親班，虎妞都沒捨得吃那最後一顆曼陀珠，想要留回來給妹妹。原來，她一直都把妹妹放在心上……

原來，我比玄彬還要帥

當一個人不再爲自己一個人活在這個世界上，就能超越人與人之間的肉體界線，進入另一個人的生命之中，活在另一個人的心中。

當我家寶貝虎妞開始上小學後，老師爲了方便布達消息與家長聯繫，建立了老師與家長的LINE群組。

通常這樣的群組，是由媽媽加入的，我們家也不例外。

在群組裡有個有趣的現象，幾乎所有媽媽的LINE名稱除了自己的本來名字外，都會在後面備註或者括弧寫著「某某媽媽」，或者「某某&某某媽媽」，甚至有的連自己本來的名字都去除，只剩下「某某媽媽」。

從表面上看來，這只是爲了老師與家長的聯繫方便而做的標示，但其實有著更深的生命意義。

因爲，從一個女人在自己的ＬＩＮＥ名稱後面標示自己孩子名字的那瞬間起，她就不再是爲了自己一個人活在這個世界上。她原先的自我在某程度來說淡化了，取而代之的是，以子女的母親之名而活著。

消融自我的標籤，擴大了生命境界與內在力量

我們家兩個女兒都有在雲門舞蹈教室學習律動與芭蕾。

孩子們進去教室上課時，家長們就會在教室外透過透明玻璃觀看自己的孩子，或者滑滑手機，或者時間久了、見面次數多了，開始與隔壁的家長閒聊起來。

當然，絕大部分陪同孩子來上課的都是媽媽，我們家也不例外，只是我也都會一起陪同，當我們家老婆的助手或買便當飲料的跑腿工。

一群媽媽彼此開始聊天時，首先問的不是對方的名字，通常都是先從「您是誰的媽媽？」開始——「原來您是某某的媽媽啊……」「您好，我是某某的媽媽……」

從此，他們就以某某媽媽作爲彼此認識、交流……以及團購的開始。

從小到大，從我們牙牙學語開始，我們就被教導、認識了自己的名字。我們努力學習、讀書、奮鬥，就是爲了讓自己的名字可以出現在榮譽榜上、榜單上，以及在各

式各樣的人生競賽中脫穎而出。

我們用盡一切努力，就是要讓自己的名字可以在這個世界上閃耀光芒，讓全世界都知道我們的名字。

然而，當一個女人成爲母親的那一瞬間，除了在產房、坐月子中心時，會在他們的新生兒名牌上寫著某某某之子或女外，只要孩子命名、辦好戶口登記後，從此，母親的名字就會淡化，取而代之的就是某某媽媽。

玄妙的是，原本當我們失去某種程度的自我時，我們會感受到恐慌或憤怒，但母親所感受的卻是自然湧現的幸福情緒。

因爲，她深深感受到自己不再是爲了自己一個人而活在這個世界上，她與自己孩子的生命緊緊連結。消融自我名字的標籤，不是失去或萎縮，反而是擴大了生命境界與內在力量。

我做過無數次實驗，我們全家走在路上，無論遇到再辣的美女，只要問我們家兩個女兒，那個美女跟媽媽比，誰比較美？女兒們總是不假思索地回答，當然是媽媽啊！

有一天，我們全家在信義計畫區A4新光三越百貨附近逛街，遇到韓國女星秀智出席一場精品活動。

秀智超正的，正到現場所有男性同胞都快忘記呼吸了。

我不信邪，又轉頭問了兩個女兒，臺上那個閃閃發亮的女明星，跟媽媽比，誰比較漂亮？

兩個女兒異口同聲地說，當然是媽媽啊！

然後兩個女兒就強拉著我的手離開現場，不準我再多看一眼……

用最純真的心，看待身邊每一個人

女兒愛著母親，她們所愛的不是母親的形體，而是**某種超越外在肉體的精神力量**。

她們能夠看見母親眞正的美，也就是母親心中對她們最純粹的愛。

無論時空如何轉換、容貌如何改變，在孩子心中，母親永遠是最美的，一種像太陽永恆溫暖的美。

我們大人從表象看來，好像學會了很多，好像很會判斷高矮美醜、貧富貴賤，卻也失去了用最純眞的心去看待一個活生生的人。

孩子是用愛去看待一個人、去感受一個人的心，那些世俗評價的一切，在孩子的愛中，消失殆盡、毫無意義。

這麼多年來，我慢慢明白，無論在外我許峰源是一個什麼樣的人，擁有什麼豐功偉業，回到這個家，在兩個寶貝女兒面前，我就是一個平凡的父親，其他的一切對她們而言，一點都不重要。

說起來好像很簡單，卻也是赤裸裸的挑戰，因爲愛無法用金錢收買，只能用眞心與陪伴灌溉。只有彼此眞誠的愛可以交融與連結，毫無僞裝、敷衍的可能性。

母親，之所以可以進入孩子的生命之中，活在孩子的心中，是因爲無盡的慈悲與寬容。她們的一輩子都是爲著子女而活在這個世界上，只要子女過得幸福快樂，她們就會感受到同等、甚至更大的幸福快樂的反饋。

雖然母親淡化了自我，卻像太陽般照耀著、保護著孩子，她將自己的一生與孩子的生命消融連結，合爲一體，這也就是所謂的母子連心。

感謝我的母親與我的老婆，這兩位母親教會了我，如何淡化、超越自私自利的自我，利益他人而活著，並從中感受到幸福與快樂的反饋。

感謝我兩個寶貝女兒，她們教會了我如何用心去感受一個人的心，如何超越貧富貴賤去看待一個活生生的人。

我聽過一個身患小兒痲痺、以撿破爛維生的父親說過，從小自卑的他，甚至曾經想要輕生，直到有了自己的女兒，他的人生不一樣了。雖然老婆離他而去，但因爲女兒，他有了責任與勇氣活下去。「因爲我的女兒是這世界上唯一不帶標籤看著我、愛著我的人，她的愛治癒了我的心。」

後來這位父親不只把女兒好好扶養長大，女兒長大後成爲一名專業的復健科醫師，專長是協助小兒麻痺患者復健治療，而父親在女兒的照顧下，安享最後的含飴弄孫的晚年。

一直以來，我以爲自己是兩個女兒的太陽，現在我才慢慢體悟到，**原來兩個寶貝女兒才是我生命中眞正的太陽。因爲她們的愛，讓我拋下了所有自以爲是的一切，讓我成爲一個平凡而謙卑的父親；因爲他們的愛，溫柔治癒了我生命中無數的黑暗。**

有一天，在追韓劇《愛的迫降》時，我帶著緊張、害羞的語氣問兩個女兒：「拔比跟男主角玄彬比起來，誰比較帥？」

兩個女兒一起大聲說：「當然是拔比帥啊！」

然後兩個女兒就緊緊抱著我、親著我的臉頰……

第四部

積善的練習

緣分

陰錯陽差的好緣分

新書發表後，作家就會進入宣傳期，到處上電視通告、廣播通告、簽書會等宣傳活動。

在我第五本著作《內心的太陽一直都在》出版上市後，一如往常，我開始了忙碌的新書宣傳通告。

有一天，出版社跟我預約一個廣播通告，有點特別或者說有點挑戰的是，這個廣播節目是在早上七點半到八點播出，不是預錄，而是現場直播。

說實話，時間眞的有點早，而且只有半小時。我心想，這麼早有人收聽嗎？加上最近滿檔的宣傳通告，眞的有點累了……要不要接下這個通告呢？我在內心有那麼一點點的掙扎與懶惰情緒。

但，因爲這是教育廣播電臺的節目，而我過去曾跟教育廣播電臺《長青天地》節目有過好幾年愉快的合作經驗。當時是由我用閩南語分享法律常識，那個特別的時段叫作「許律師時間」。

基於這個過往的情分，我承諾接下這個廣播通告。

因爲我知道這是一個現場直播的廣播節目，所以我早上五點半就起床了，不到七點我已經準時出現在教育廣播電臺的大門口了。

來賓竟然不是我

我跟警衛通報說，我是今天來上《教育行動家》廣播節目的來賓。警衛幫我查看一下來賓名單後，一臉疑惑地告訴我，名單上沒有我的名字。

沒有我的名字？我把來賓名單拿過來確認，確實沒有記載我的名字。

還好，警衛有認出我來，跟我說：「沒關係，許律師你直接上去找主持人，也許是助理忘記塡寫來賓名單了。」

我走進安靜無聲的走廊，來到原先約好的三一二號廣播間。在緊閉的隔音門內，我透過窗戶看見了一位熱情豪爽的女主持人——玉慧姊。

她一臉驚訝、疑惑地望著我，禮貌地走上前來開門與我打招呼。

「請問你是？」這個問話讓我也驚訝、疑惑了……

「您好，我是今天來上您節目的來賓，我叫許峰源。」

「什麼?!今天?!」玉慧姊一臉尷尬地說：「可是我今天已經安排好來賓了，已經在來電臺的路上了。」

我們一起確認了來賓名單，確認今天的來賓確實不是我，甚至下星期、下下星期也不是我，應該說我根本沒有被排進這個廣播節目……

這時我內心充滿自言自語的無奈、抱怨，當然也有一點不愉快……

但我當下沒有去怪出版社，也沒有去怪節目助理，因爲我知道是人難免會犯錯，何況抱怨與責怪沒有任何幫助，我不喜歡浪費時間做沒有意義的事情。

因爲她的來賓也還沒到，而我也突然空閒沒事做了，我們倆就站在廣播間走廊上喝著咖啡聊了起來。

聊著聊著，她對我的新書越來越感興趣……不知不覺過了二十分鐘，已經七點二十五分了。

這時，換玉慧姊的臉色有些緊張了，因爲……她的來賓還沒到。她趕緊去電確認，結果她的來賓這時還在西門町塞車中！

換言之，他要在七點三十分前趕過來南海路的廣播電臺是不可能了；或者說，他趕過來、停好車、再上樓，應該已經超過八點了，而這個直播的廣播節目時間是七點半到八點……

玉慧姊一手捂著手機，一邊有點緊張地問我：「如果來賓來不了，峰源你能直接上嗎？可是我事先完全沒有看過你的書，對你的背景也不夠清楚，你能自己講三十分鐘嗎？」

我想都沒有想直接回答：「您放心，沒問題！」

於是玉慧姊跟對方說，因爲這是現場節目，沒有辦法等待遲到的來賓，所以我們以後再聯絡，今天就不用趕過來了。

就這樣陰錯陽差下，我直接上了這個廣播節目。因爲玉慧姊對我及我的著作不熟悉，所以僅簡單引言及提問後，就由我自己講了足足三十分鐘。

因爲這個緣分，我與玉慧姊成爲朋友。在節目結束後，她傳訊息跟我說：「希望我們彼此的緣分能夠持續下去。我這一生也被幾位作家深深影響著，峰源你正在做的事情非常好、非常有意義，要繼續努力下去。我會去購買你全部的書，而且不斷地在節目當中分享，因爲你剛才分享的一切，實在是太令人感動了。」

保持好心念，不順遂也能變成好緣分

從那天起，我的臉書粉絲團開始爆增粉絲。我大略查看一下這些暴增的粉絲的背景，絕大多數都是國高中學生的家長。

原來，玉慧姊這個廣播節目在全臺灣教育界有著很深很廣的影響力，而早上七點半到八點正是很多家長開車送完孩子上學後趕去上班的途中，所以有著數以萬計的忠實聽眾。

感謝這個陰錯陽差的好緣分。

很多時候我們眼前顯現的不順遂，並不一定如我們所想的那麼壞、那麼倒楣，只要我們不被抱怨、責怪別人的負面情緒蒙蔽，只要我們能夠保持開放、廣結善緣的心念，就有可能看見更多好的可能性，就有可能將眼前的不順遂轉化成為一個超乎預期的好緣分。

當原先的來賓遲到時，習慣早到的我就得到了機會。

很多好習慣的養成，在平常看似不起眼，但往往會在關鍵時刻發揮驚人的力量，而很多人一輩子的機運就是那幾個關鍵時刻所決定的。

一般來說，廣播節目有它特別的步調與節奏，來賓對於主持人的提問，必須要在三到五分鐘內精確、完整表達，然後進廣告。這對於不熟悉的來賓是個挑戰，要不是講太短，就是講太長直接被卡掉進廣告；如果節目是預錄的還好，頂多重錄或靠主持人剪接，但如果是直播節目就完全沒救了。

我過去曾在教育廣播電臺《長青天地》「許律師時間」節目中，歷練過好幾年。當時我的節目時間只有短短五分鐘，我必須在五分鐘內用閩南語清楚表達一個法律案件及見解，並對主持人的提問用一分鐘左右回答，這樣的訓練讓我早已熟悉廣播節目的運行節奏。

這也就是爲什麼每次出版社安排我去上廣播節目時，主持人常常稱讚我時間節奏掌控能力很不錯的原因——因爲這也是好幾年、上百集節目的鍛鍊啊。

順道一提，剛剛我講的那個教育廣播電臺《長青天地》節目幾乎是公益的、沒有車馬費的，但我不因此覺得吃虧，反而非常感恩當時的主持人嘉惠姊——臺灣最知名閩南語演講家、資深廣播主持人——給我的機會與緣分，因爲我知道年輕人最需要的就是歷練的舞臺。

人一輩子在某段時期對某件事的付出與累積，或許在那個當下看不出有什麼了不起，但從生命整體的大格局、大視角來看，絕對不會是浪費時間的，這些付出與累積總會在我們生命的某些關鍵時間點展現遠超乎我們預期的力量。

而活在每個當下的我們是不可能看清生命全貌的，**我們唯一要做的、應該做的就是盡心、盡力、盡分把每一個當下的責任做好、做圓滿**。

無論是養成早到的好習慣，無論是願意不計報酬珍惜每一個鍛鍊自我能力機會的好態度，無論是在各種順境逆境之中始終抱持開放的心、廣結善緣、感恩別人的好心念，這種種的好習慣、好態度與好心念都會內化成為我們人格特質的一部分，讓我們能夠成為一個更好的人。

這也是我與玉慧姊在短短二十分鐘左右的閒談過程中，讓她留下好印象並願意讓我直接上她的廣播節目的關鍵。

人與人之間的認識、互動、相處與緣分，講求的不是只有能力或口才，而是我們給予別人的整體感覺，也就是在每一個有緣與我們相遇的人心中，我們到底是一個什麼樣的人。

一個散發良善人格特質、充滿正向氣場的人，才能把每一次與不同人們、在不同情境下的相遇轉化為好的緣分，這也才是廣結善緣的眞義。

我就是我說的話，真實就是力量

最近，我收到了一封信，送了朱老先生一本書，圓了朱老先生一個小小的心願，完成了一件簡單的好事。

二〇一九年年底，我收到一位讀者分享的照片，這是她剛過九十歲生日的老父親在讀完我的著作《做一個簡單的好人》後，在書的扉頁上寫下一段文字給所有的子孫：「這本書很值得一讀，希望你向他請益。他重視『人』，人爲萬物之靈，天下的主宰，雖有天、地、人三才，但事在人爲。如何重視『人』——也就是我自己，並戰勝自己，就可爲萬物之靈。」

看著這段話，想著這位九十歲高齡的朱老先生，我的內心很是觸動。

後來我透過出版社，將我剛出爐、熱騰騰的新書《內心的太陽一直都在》簽上名後，送給朱老先生作紀念。

過了幾個星期後，二〇二〇年一月四日，我在臺南政大書城舉辦《內心的太陽一直都在》的新書發表會。

這是我第一次正式舉辦新書發表會，其實內心有點忐忑，因爲地點在臺南。雖然政大書城眞的很用心宣傳，但相對於臺北有捷運等大衆運輸工具，臺南對於全國各地的讀者來說，相對好像比較不便，必須要專程開車或搭高鐵、臺鐵、計程車來參加發表會。

沒想到，到了臺南政大書城現場後，距離正式開始還有一個多小時，就已經有幾位零星的讀者來到現場占位置。

千里之外，親赴新書發表會

其中有一位讀者特別醒目，因爲年齡特別大。我大膽推測這位讀者就是之前的那位朱老先生，他身旁還有三位家人陪著他。

但我內心有個小疑問，我記得朱老先生住在新北市土城……這麼遠，九十高齡，有可能大老遠跑這麼一趟嗎？

我上前與他們攀談閒聊。這位老先生一開口講話，我愣住了，因爲滿口純正的湖南鄉音，我幾乎聽不懂，還好經由他的家人從旁協助翻譯，終於可以對得上話了。

經過確認後，果然沒錯，是朱老先生與他的家人，他們專程從新北市搭高鐵到臺南後，再搭快五百塊錢的計程車，來到新書發表會的現場。我稍微心算了一下四個人來回高鐵、計程車、住宿費用……他們來這場發表會的成本也太高了吧！我的內心滿滿的感動，甚至有些鼻酸了。

這場新書發表會，朱老先生整場坐好、坐挺、坐滿，還第一個舉手發言問問題；經女兒翻譯後，我發現他的問題迥異於一般的讀者，很有生命歷練的深度。在我用心仔細回答後，我們彼此留下了一次面對面接觸互動的好回憶。而我們簡單的對話過程，也引起了我對朱老先生的好奇，因為在那濃厚鄉音的表面下，似乎有著深似海的人生閱歷、博學多聞的底蘊。

我們互留了聯絡資訊。我想著，或許我們還會有緣分見到面。

這個懸念到了二〇二〇年五月，有了好的發展。

我收到了朱老先生親筆寫的一封信。

不可思議的緣分

當我收到這封信時，雖然只是一張很平凡的紅色直條紋標準信紙，我卻愣住了，因爲整封信是用毛筆字寫的。我再三確認後，眞的是手寫的毛筆字，而且寫得非常非常好，就像我們看過的那些古代名家的字帖，端正的楷書有著靈動的筆觸。

峰源老師您好：

我看了您的大作，勝讀十年書，誠有高山仰止之心，乃在《湖南文獻》寫了一篇心得，寄上一份，敬請指教。又想和您見面一談行善之事，不知您的時間許可否？

敬愛您的讀者

朱楚雲　敬上

四月二十六日

在讀完這封信，並仔細閱讀朱老先生在《湖南文獻》寫的長篇心得後，說實話，我內心滿激動的，尤其在朱老先生謙卑的人生格局面前，顯得開心又惶恐。

我感受到這次見面是朱老先生的小小心願，我的內心浮現了一個好的起心動念。

我立刻循著信件留下的聯絡方式，請出版社協助安排，我想要專程請朱老先生吃飯。

當我們內心浮現一個好的起心動念時，不要輕忽、不要讓它閃現滑過，要緊緊抓住並及時付諸行動。往往這些善念是老天爺給我們的暗示，而付諸行動的善行會引領我們遇到一個又一個的好緣分。

我們約在出版社附近的薺元小館。感謝出版社的用心，道地的料理一定很合朱老先生的胃口。

當然，這次見面除了我、出版社的同仁外，還有朱老先生的女兒，我很需要靠她幫忙翻譯……

當我們見面後、開始用餐時，為了能夠多聽懂一些朱老先生的話語，每當朱老先生說話時，我就會放下手上的筷子，用最大的專注度聆聽朱老先生說話。

奇妙的是，我還眞的慢慢聽懂大約兩成左右的內容，其他關鍵字請他女兒幫忙翻譯後，大約就能聽懂六成以上。

原來，朱老先生不只飽讀詩書、博古通今，還是一位書法家，更是一位經歷過眞正的戰爭、走過大江大海的軍人，官拜空軍少將，是一位軍界知名的儒將。

聽朱老先生分享，我才明白，原來中國一百多年來的戰爭，從太平天國的湘軍、八年抗戰的湖南空軍、國共內戰，幾乎都是湖南人出面打的仗、流的血，用命換來的保家衛國。

在讀者的記憶裡，遇見父親！

更有緣分的是，原來，朱老先生當年來臺灣後，從民國五十年起，就住在三重正義南路底的空軍三重一村，還擔任村長一職多年。而這個空軍三重一村就離我豆乾厝的老家不到兩百公尺遠，從小這個地方就是我們最喜歡去玩耍的祕密基地。

朱老先生還提到，以前常常買一家叫作「牛車許」的臭豆腐，那位老闆叫作「許仔」。每次只要許仔踩著三輪車的臭豆腐攤進來眷村時，他都會跟許仔買好幾碗，只是常常因爲許仔聽不懂他的湖南鄉音，雞同鴨講，鬧過好幾次笑話。

朱老先生口中那位踩著三輪車賣臭豆腐的許仔，就是我的阿爸！

朱老先生說：「人生的緣分眞是不可思議，沒想到許仔的兒子這麼有出息，做著這麼不容易的大好事，只可惜許仔已經不在了。但，我相信，你的父母親在天上，會庇佑你現在做的事情，更會因此感到榮幸與驕傲。」

朱老先生勾起了很多我兒時的回憶，也給我很多人生的啓發與鼓勵。他說在我身上看到了曾國藩先生的影子，勉勵我要以曾國藩先生爲榜樣，在有限的人生歲月裡，創下立德、立言、立功的大業，這是一個眞正的男子漢應該做的事情。

曾國藩三個字，還有立德、立言、立功三句話，一直縈繞我心，讓我受寵若驚。

對了，曾國藩是湖南人。

言行如一，更接近真實的自己

這一天，我很開心，朱老先生也很開心，我深深地感受到，我完成了一件簡單的好事。

我內心隱隱約約感受到，朱老先生是關聖帝君派來的使者，來檢驗我是否能夠保持平凡的心念、是否能夠言行如一，持續走在學習成爲一個簡單的好人的人生正途上。

一封平凡的書信、一位簡樸平凡的九十歲高齡老先生，我是否願意專程撥出時間，好好地、不帶功利算計地與他見面，只是單純閒聊，只爲能夠滿足老人家一個小小的心願，這對我自己是一個考驗。

很欣慰的是，我做到了。

在這個好緣分中，朱老先生他老人家圓了一個小小心願很開心，但其實我自己才是最大的受益者，因爲我履行了內心一個簡單的、好的起心動念，我做了我內心覺得應該做的事情，讓我更接近眞實的自己。

一個人無論寫出再多了不起的文字、說出再多撼動人心的話語，都不能代表什麼。眞正的關鍵是，這個人能否做到他所寫出來、說出來的一字一句，讓自己的心與口的距離在實踐的過程中逐漸縮短，也就是他是否是一個眞實的人。

當我們努力做到自己所說出口的每一句好話，就是修練眞實自我的過程，也就是立德；只有眞實自我的立德，我們說出口的話語才會有進入無數人心中的感染力量，才能夠立言；而只有眞實話語的立言，我們才能產生超越時間、空間的正向影響力量，連結無數人、驅動無數人去完成一件又一件大大小小的好事，才能夠立功。

人活在世上一輩子，立德、立言、立功是三不朽的大事，你我每一個人都有做到的潛能，只要從現在此時此刻開始，學習當一個眞實的人，心存眞實的善念、講出眞實的話語、做到眞實的一件件小小的好事。

一個人強大的生命力量來源，就是「眞實」，我就是我說的話，就這麼簡單、這麼直接、這麼有力量。

傷痛在哪裡，幫助別人的力量就在哪裡

在墾丁福華飯店，一場保險經紀人公司的演講。

在我演講結束後的簽書會。

輪到一位氣質清秀可愛、長相有點像林依晨的年輕女孩，手裡捧著五本我的全套著作，等著讓我簽名。

當這位女孩將五本書好好攤開擺在簽書桌上時，她靜靜地望著我，沒多久，眼眶開始泛紅，淚水一滴一滴撲簌簌流了下來。

直到淚水滴濕了書本，我才發現，抬頭凝望著這位女孩。她顯得有些緊張，手捂著臉，直說：「老師，對不起，不好意思，我太激動了。」

我放下筆，微笑著對她說：「沒關係的，妳可以流淚的，沒關係的，我們可以慢慢來、一本一本慢慢簽的。」

我放鬆專注、緩慢地在一本又一本的書上簽名，女孩在這段彷彿靜止的時間內，輕緩地呼吸、整理自己的情緒，並將淚水擦乾。

女孩說：「老師，不好意思我失態了，我有好多話想跟您說，想跟您分享我的生命故事，但太多情緒一湧而上……」

我說：「沒關係的，我們先好好合照，留作紀念。如果妳願意，可以到我臉書粉絲團私訊給我，好好跟我分享妳的生命故事。」

幾天後，我在臉書粉絲團的私訊裡，收到了這位女孩的生命故事。原來，這位有著林依晨眼神的女孩，名字叫作乃怡。

提前印製的名片

乃怡來自一個單親家庭，住在高雄燕巢的鄉下，從小由母親一手拉拔自己與哥哥長大。

父親在他們很小的時候就因爲車禍意外走了，事情發生得太突然，母親毫無心理準備。她與哥哥年紀都還很小，父親也沒留下什麼錢，母親只能到處打零工，撫養他們。

一個沒有接受過什麼教育的女人，要靠著打零工獨力撫養兩個孩子，那是多麼艱難與辛苦的事情啊……

或許是因爲窮怕了，母親對於金錢非常沒有安全感，生活更是超乎常人地節儉，完全都不捨得對自己有一絲絲的好，而把一切都省下來留給他們兄妹。

他們在鄉下很多菜都是自己種的，當沒有那麼多零工可以打的時候，母子三人就常常吃著醬油拌飯、配著地瓜葉當作一餐。

上學穿的鞋子破了，也捨不得買新的，總是縫了又縫、補了又補，學校的學雜費也永遠是最後一個交的。

在貧困的童年生活裡，乃怡發誓一定要好好念書，以後找個好工作，賺很多錢，讓母親過上好的日子。

雖然鄉下的教育資源依舊與城市有著不小的落差，但乃怡還是用盡全力拚了三年，最後考上了國立大學。

上了大學後，乃怡立刻找到打工的機會，除了自己賺取學費外，也希望可以開始貼補家用。

因緣際會下，她來到保險經紀人公司打工，擔任業務助理，也因此認識了保險業。

活。

她了解到，原來，如果當年父親有投保意外險，他們家就不用過著這麼辛苦的生
她發現，原來保險不只可以幫助到需要幫助的人，還能改善家裡的經濟。
從十八歲起擔任保險業務助理，兩年後，滿二十歲的乃怡立刻考取了保險業務員證照。

當其他同學都還過著快樂、愜意的大學生活時，大學三年級的乃怡已經正式受訓完成，成為一位壽險業務員。

剛開始從事保險業時，乃怡瞞著母親，不敢讓母親知道。

雖然新人期非常辛苦，但善良、努力的乃怡撐過來了，還得到最佳新人獎。

但就在這時候，母親卻罹患了腎臟癌……

這讓乃怡極為自責、懊惱，因為她每天跟身邊的朋友說保險有多重要，卻連自己的母親也不敢開口，導致母親罹癌時，沒有任何保險的保障，只能用過去極為辛苦攢下來的積蓄去支付龐大的醫療費用。

因為這樣的緣故，讓乃怡更努力工作，她認為只要賺足夠的錢，付得起母親的醫療費用，母親就能夠好好活下來。

短短幾年內，因為極有業務天分，加上用心及毅力，乃怡不但能夠支付母親的醫

療費用，也即將晉升到主管的職位。

但母親的病情也在這個時間點急轉直下。就在公司人事命令正式發布前幾個星期，母親住進了安寧病房。

乃怡偷偷提前印製了主管職的名片，親手拿給母親看，跟母親說不用擔心她，她現在工作發展很好，讓母親能夠安心。

母親拿著乃怡的名片，憔悴的臉龐伴隨著微笑，泛起微微的紅暈。母親與乃怡的眼眶都濕潤了起來，但彼此都默默無語，只有緊緊擁抱在一起。

乃怡拿起手機與母親自拍。在那一瞬間，母親的眼神像個純眞的女孩，而乃怡卻像個大人般成熟、懂事。

這也是乃怡與母親最後一次的合照，這年的乃怡二十四歲。

乃怡告訴我，她從小到大一直相信，只要夠努力就可以達到任何想要達到的目標。她從未因爲貧窮而感到自卑，她相信自己一定可以努力去戰勝命運的挑戰。但父親的意外、母親的早逝，讓她在生命的無常中，感受到自己是如此地卑微與渺小。

從那天在醫院彌留室、親送母親遺體到殯儀館，到整個喪禮、火化完成後，乃怡一直有種很不眞實的感受，整個人變得很空，很多事情想不起來、也不敢想，好像一切都不是眞的一樣，應該說希望一切都不是眞的……

乃怡一直以爲自己對於母親的離世已經有了心理準備，但這一天眞的來臨時，她才發現，原來自己從未準備好——或者說，永遠都不會有準備好的那一天吧……

這麼多年來，乃怡一直一直很努力，努力的動機都是想要讓母親過上好的日子。但就在母親離世後，她說：「我突然不知道爲何而戰，甚至有時候覺得這世界上已經不再有人需要我，這世界上沒有我的話好像也不會怎麼樣。」乃怡感受不到自己的存在價值。

原本乃怡是一個永遠清楚自己的人生目標，永遠知道自己的下一步與未來該如何規畫的人，但在這段期間，她活得很悲觀。

她覺得人生忙碌了大半輩子，最後終究得走向死亡，化爲灰燼，到底活著的意義是什麼？

慈悲理解每個生命的難處

直到有一天，好朋友分享了我在TEDxNCCU的演講給乃怡看。「看完後，我淚流滿面，卻說不出話來，內心及喉嚨哽著滿滿的感動與情緒。我好像體悟到了什麼，卻說不出口……」

後來乃怡把我全部的著作買回來，一本一本仔細地閱讀。她慢慢一點一滴找回爲何而戰的力量。

乃怡跟我說，她體悟到原來上天要她在二十四歲就經歷人生最痛苦的事情，就是要蓄積她未來可以幫助別人的力量，就像許峰源老師所說的：「傷痛在哪裡，幫助別人的力量就在哪裡！」

乃怡說，未來她希望自己好好在壽險業發展，期盼自己可以幫助更多的人，不要讓她們家的辛苦在其他家庭再次發生。

從這一刻起，乃怡的生命從過去的不幸與傷痛中，逐漸釋懷、自由，在生命的傷痕裡挖掘出更深沉的意義與力量。

乃怡不是第一個在我面前落淚的讀者。其實不只乃怡，我深深體悟到，在我身旁的每一個人都是活生生的人，每一個人都有著自己的生命歷程，內心都帶著或大或小、或深或淺的傷痕。

他們之所以落淚，是因爲他們知道，我懂。

這時候我們彼此不需要多餘的言語，我們的生命就能產生某種正向連結，在內心太陽的溫暖照耀下，靜靜地給予彼此支持與力量。

我們每個人生命經歷的不幸與傷痛，在那個當下眞的很難接受、很難看透老天安排的深意，但請相信，只要過了一段或短或長的生命歲月後，我們會明白，**這一切都是在蓄積我們未來可以幫助別人的力量，都是在蓄積我們內心深處生命的底蘊**。

一個有著深厚生命底蘊的人，會逐漸趨歸於安靜、沉穩、寬容，會逐漸擁有閱讀無數人生命的能力，明白身旁每一個人都是活生生的人，並慈悲理解每一個人生命的難處。

一個人的生命底蘊，毋需多餘的言語、包裝、修飾，我們的存在，就是眞實，就是力量。

人往往從遺憾中學會成熟與懂事

來不及的遺憾

怡君從小生長在一個平凡清貧的家庭，父親是計程車司機，母親是小兒痲痺患者，在家幫人縫補、修改衣服維生。

雖然家裡經濟不寬裕，沒錢給怡君去補習班補習，但怡君從小不只懂事，功課更是非常好，爸爸媽媽在簽成績單時，總是只看到第一名。

怡君是家裡唯一的孩子，家裡有什麼好吃的、好用的，爸爸媽媽總是捨不得自己吃、自己用，都留給怡君。

用來熬湯的小蛤蠣，媽媽捨不得丟掉，也想要幫怡君多補充營養，擔心小蛤蠣挑肉太麻煩，就先幫怡君一個一個把蛤蠣肉挑出來，讓她可以直接用湯匙大口大口吃。

媽媽說，只要看到怡君吃得滿臉笑容，就覺得很幸福。

雖然家裡買不起新衣服，但媽媽的巧手，幫怡君做了一件又一件手工縫製的衣服，同學都很羨慕她身上穿的漂亮衣服；然後，大家也很羨慕她可以每天坐計程車上下學……

到了青春期，怡君個子比一般女孩嬌小，媽媽擔心她長得不夠高，硬是從家庭生活費裡省下一些錢，固定買中藥、燉烏骨雞湯給怡君補身體，幫怡君轉骨長大。

國三畢業的基測，怡君拚上了北一女中，穿上了綠制服。

高三畢業的學測，怡君拚上了臺大經濟系，走進了椰林大道。

當怡君大學畢業那天，穿學士服與爸爸媽媽合照時，爸爸感性地說，自己拚了一輩子，省吃儉用一輩子，拚到了一間遮風避雨的房子，還有怡君這個女兒，已經很知足了。

原來，就在怡君大學畢業那年，家裡繳了很多年的房貸終於繳完了，一家人終於眞正擁有那間十幾坪大的舊公寓了。

後來怡君讀完臺大商研所碩士後，取得了美國杜克大學的公費留學資格。

爸爸媽媽雖然捨不得，但知道出國留學是怡君從小的夢想，也只好全力支持她。

爲了過去幫怡君安頓美國那邊的生活，完全不會講英文的兩夫妻還是第一次搭飛機出國。

雖然怡君說自己可以處理，但爸爸媽媽堅持要陪怡君一起到美國去，說這樣他們比較安心。

怡君跟他們說：「爸爸媽媽您們不用擔心，我在這邊讀書，學費不用花錢，生活費我會去打工，我會很快就拿到博士學位回臺灣。」

四年後，怡君很順利地取得了杜克大學經濟學博士學位。

原本的計畫是取得博士學位後就回臺灣發展，但因為在學期間表現非常優異，指導教授希望她繼續留在美國，並幫她找到了一個研究員的職位；更重要的是，在這四年內，她遇見了生命中的那個他，是一位美國人，兩人相愛、結婚，還生下了一個可愛的混血胖兒子。

怡君有些兩難，而且老公並不想放棄美國的生活來臺灣，所以最後還是決定留在美國繼續發展。

爸爸媽媽也認為美國發展機會比較多，環境比臺灣還要好，雖然捨不得，還是支持怡君的決定。

這時候爸爸已經退休了，媽媽年紀也大了，但兩老為了幫助怡君與孫子安頓一個家，決定把自己住的房子給賣掉，幫怡君在美國北卡買一間房子。兩老租一間小房子，剩餘的錢就當養老金。

怡君很捨不得爸爸媽媽這樣做，但他們跟怡君說：「現在年輕夫婦要買一間房子不容易啊，何況是在美國。我們這房子本來就是要留給妳的，我們平時的生活費很省，賣房子剩下的錢也夠我們養老了。」

剛開始，怡君每年至少會帶著孩子回臺灣一次，通常是過年的時候，每次兩老都高興得不得了。

慢慢地，孩子大了，上小學了，有課業壓力，加上一家三口每年來回的機票費用太高，怡君夫婦已經好幾年都沒回臺灣了。

兩老實在太想孫子了，還曾遠赴美國去探望他們，但這也已經是好幾年前的事情了。

因為，後來怡君的爸爸診斷出罹患胃癌末期……

怡君得知消息，想要立刻趕回臺灣，但工作實在太忙碌，加上孩子也沒人照顧，實在走不開。

所以父親生病的一年多來，怡君只能回來探望一次。

前年的四月，怡君的爸爸病逝了。一直到他閉眼的最後一刻，怡君還是趕不回來……

無愧，來自履行身而為人的責任

怡君的父親是我舊家的鄰居，從小我就叫他祥伯，是個老實人，話不多，但只要聊到自己的寶貝女兒怡君，臉上就會泛起紅光，話就一直講不完。他總是說，怡君是他的命，他再苦再累，只要怡君過得幸福，他什麼都不怕，什麼都沒關係……

這個故事講完了，很平淡，很遺憾。

人生很多時候跟聰明不聰明、優秀不優秀無關，而是跟一個人的選擇有關。從別人的故事裡，我們看到了情節，產生了情緒波動，但不用急著評斷好壞、對錯，而是應該試著把自己置換到同一個處境之中，深刻感受一下：換成我們自己，會做出什麼樣的選擇？

遺憾，是一種無形的感受，雖然很抽象，痛苦卻很具體。

當我們的身體出了狀況時，我們會感受到痛苦，無論是腳痛、頭痛、肚子痛，這些痛苦告訴我們，身體正處在不正常的狀態。

因爲疼痛，我們會知道自己的身體出了問題，也因此我們才會明白身體本來應該處於什麼樣的狀態，也才能體悟到，原來毫無病痛的身體不是理所當然的，是非常難得珍貴的。

當我們內心感受到痛苦、煎熬與折磨，我們才會明白心本來應該是什麼樣子，我們也才會深深體悟到，原來內心本然的平靜是那麼樣地不容易。

一個從未被遺憾痛苦折磨過的人，是很難眞正體會到無愧產生的平靜力量。

站在父親靈骨塔的遺像前，不知爲何，怡君一直想起爸爸騎腳踏車，讓她坐在座椅前的小椅子上，騎在堤防外蘆葦叢旁的小路，想起爸爸陪她在淡水河岸邊泥地沼澤裡抓蝌蚪的畫面……想著想著，靜靜地不停流下淚來。

怡君依舊回美國去了。雖然父親從未怪過她，但她內心一直有著隱微遺憾的傷痛，像手術刀一樣銳利，新舊傷口淌血與癒合並存著。

終於，忙碌的工作再也無法掩蓋內心太陽的閃耀與呼喚，她決定放棄美國的一切，回到臺灣。

沒想到，她先生與兒子最後都支持她的決定，一家人就這樣回到臺灣。兩夫妻的學經歷很豐富，很快地都在國立大學找到了教職。

怡君跟我在三重天臺廣場附近的星巴克喝咖啡，原本聊著美國與回臺灣生活的點滴，突然停頓沉默下來……過了一會，她泛紅著眼眶跟我說，雖然放棄美國的一切眞的很捨不得，但遺憾眞的太煎熬，甚至有時會讓她在半夜落淚到吸不到空氣。「父母親爲我辛苦付出一輩子，我已經錯過了一個，不想要再發生第二次的遺憾，絕不能讓母親一個人孤獨老死……」

前幾天送虎妞、心心上學時，看到祥嫂牽著孫子一起來上學。她的臉上洋溢著知足幸福的笑容，她的生命又找到了繼續活下去的理由與力量。

過一段時間後，怡君跟我說，回到臺灣眞好，還是自己的家好。看見母親每天爲著孫子忙進忙出的幸福樣子，讓她體悟很深，原來人可以過著心靈平靜的日子、可以擁有平凡簡單的幸福快樂，才是最難得也是最重要的。

人的一輩子，很多時候是從遺憾的痛苦中成熟與懂事。只有當一個人履行了身而爲人的責任後，才會感受到內心無愧的平靜力量，並**懂得珍惜平凡簡單的幸福快樂**，因爲這才是我們身而爲人的本然面貌。

放心，我們都會好好的

因爲演講工作的關係，我認識了保險、直銷、生命禮儀、銀行理專、基金投資等各個領域的業務高手。

很多人都自以爲口才很好，可以舌粲蓮花、口若懸河地說個不停，甚至可以把各種產品從死的說成活的。

彷彿只要有他們在的任何場合，都能炒熱現場氣氛，什麼話、什麼哏都能接得天衣無縫。

有一次，在演講後的問答時間裡，我問了臺下的業務夥伴們一個問題：「如果今天我們要去探病——對方四十多歲，事業經營正成功，卻被診斷出罹患癌症末期，老婆帶著四個孩子，最小的女兒只有三歲。今天我們要到安寧病房去探望他，請問，我們應該對病人說些什麼？對家屬及孩子們說些什麼？我們自以爲的好口才派得上用場嗎？

如果我們對即將離世的病人說，別擔心，你好好養病，一定會好起來的，對一個癌症末期、住進安寧病房的病人講這些話有用嗎？有意義嗎？

我們對還要繼續活著的家人，該說些什麼呢？請他們別擔心，你老公／爸爸一定會好起來的，要有信心，繼續堅持努力下去？

現場一片靜默……

猝不及防的命運

我結拜的七哥，是一位成功的企業家，擔任全臺灣最大的農會之一——板橋農會的常務理事。這一年他才四十五歲，非常厲害，家庭也很美滿；七嫂人很善良，他們養育了四個孩子，最小的妹妹才剛出生，不到一歲，非常可愛。

就在一切都看似美好的瞬間，七哥生病了……

或許是因爲長年應酬喝酒、抽菸、吃檳榔，醫生宣布他罹患了口腔癌。

七哥爲了家人，鼓起勇氣配合醫生指示，進行口腔癌的手術、化療、電療。

口腔癌的術後恢復非常辛苦，尤其對於臉部外觀、日常咀嚼、飲食等造成很大的心理與生理挑戰；再加上後續的化療和電療，這樣的煎熬與痛苦絕非一般人可以輕易想像。

但意志力極爲強韌的七哥爲了家人、爲了還小的孩子們，都一一撐了過來。

當然，在治療的期間，七嫂操持家務的辛苦、對七哥的照護，還有孩子們的愛，都給予七哥非常大的支持力量。

在經歷將近一年的手術期、恢復期、復健期，七哥的病況穩定了下來，心情也慢慢接受了，慢慢地回到生活正軌。

他開始將公司業務轉移給專業經理人，自己則帶著老婆與孩子到處遊山玩水。他希望、也相信自己只要好好養病，一定可以陪伴孩子們長大成人。

然而，有時命運的安排往往會讓我們措手不及、無可奈何……

在經歷一年多定期回診追蹤的平靜日子後，七哥的病情開始惡化。

一次次反覆進出醫院手術、化療、電療……直到最後一次因爲臉頰齒槽骨併發惡性肉瘤（sarcoma），主治醫師宣布放棄，不再進行更多積極的醫療處置。

因爲惡性肉瘤非常頑強，手術後會再繼續長，對於化療、電療幾乎沒有療效反應，加上七哥的身體已經越來越虛弱，經不起更多的折騰了，所以醫生建議家人讓他住進安寧病房裡，減輕生命最後階段的痛苦。

這一年，七哥才四十八歲……

我們十四個結拜兄弟全員到齊，來到臺大醫院的安寧病房，一個對我而言是那麼熟悉、心裡卻又極爲排斥的地方。

七嫂看到我們，眼淚不由自主掉了下來。孩子們在一旁似懂非懂，卻也都紅了眼眶。

我們走到七哥的病床旁。

十四個結拜兄弟，我最小，排行第十四，我的結拜大哥們，一個個都是社會歷練豐富、生命閱歷廣博的人物。

他們不太講一些廢話、場面話，只是平靜地跟七哥說，要他好好休養，家裡的事情不用擔心，有兄弟們在，會幫忙把伯父伯母、家人及孩子們都照顧好。

而我則是跟七哥聊聊孩子們的近況。

七哥跟我分享大女兒最近鋼琴演奏要成果發表，正在努力練習，她希望未來可以成爲一位鋼琴家；二女兒國三了，爲了考上前三志願，每天補習，很用心在準備考試；三兒子參加的小學足球校隊最近拿到全新北市冠軍；小女兒快三歲了，調皮活潑，爸爸叫得特別大聲、特別甜……七哥講著講著，在虛弱的病容中，泛起淺淺的幸福微笑。

七哥知道這些孩子都很乖、很懂事，會幫他好好照顧媽媽，大家都會好好的，會好好的……

其實，即將走到生命終點的人，自己的心是了然的、是明白的。他們會平靜接受時間的到來，不再掙扎抗拒、不再為了自己而做些什麼，一心只想為在世的家人祈求上天的悲憫，庇佑每一個他心所繫念的家人，都能好好地活著，平凡簡單、幸福地活著。

讓即將離世的親人知道，我們都會好好的，將來也一定會好好的，會平安長大，會做一個有用的人，會做一個簡單的好人。這是給予他們最後溫暖的安慰與慈悲，而這也是他們心所繫念的唯一牽掛。

真實的連結與交流，勝過舌粲蓮花

在病房外，我跟七嫂分享，目前臺灣的安寧照護很進步，醫師、護理人員都很用心、專業，七哥離世的過程會遠比我們自己以為的、自我想像的仁慈許多。

「有時，命運的安排會帶走我們認為自己絕對不能失去的人事物，但當事情真的發生時，我們會發現自己往往能夠堅韌地活了下來，因為，我們知道還有人需要我們、愛著我們，我們不能倒下去。您是孩子們唯一的依靠，憶念著他們，將會帶給您無盡的安慰與力量。七哥也會無時無刻、形影不離地庇佑著你們。」我靜靜地向七嫂說著。

七嫂聽完我的話後，淚水滑落臉龐，帶著鼻酸的語氣說：「謝謝十四弟……謝謝……」

七嫂知道我的生命故事，知道這一切我都經歷過；而這些從眞實生命流淌而出的話語，很簡單、很眞實、很有力量，會一點一滴滲進對方的內心深處，產生或淺或深的撫慰與溫暖。

不要過度仰賴嘴上的工夫，在眞實生命的交流與連結過程中，世俗所謂的口才往往顯得膚淺、聒噪。

一個多星期後，七哥在某一個清晨睡夢中，安穩平靜地離世了。

同一年的幾個月後，二〇一九年十一月，我的第五本書《內心的太陽一直都在》出版了。按照往例，每一本新書出版時，我都會親筆題名，送給每一位結拜大哥一本新書，這一次也不例外。

特別的是，我也親筆題名送了一本給七哥與七嫂，就像七哥依舊在世一樣。

七嫂在ＬＩＮＥ留言給我：「十四弟，新書收到了，謝謝你。」

簡單一句謝謝，沒有多餘的文字或貼圖，卻蘊藏著彼此無盡的心意。

在臉書動態訊息中，總能看到七嫂分享與孩子們的生活點滴，也看到她帶著四個孩子旅行的照片，過著平凡簡單的幸福生活。

雖然七哥去世快兩年了，但從七嫂臉書動態的文字中，依舊可以看出她對七哥的想念，彷彿他從未離去，但也可以看出七嫂爲母則強的勇氣與韌性。

我相信這一切七哥都能感應到，也相信七哥時時刻刻都庇佑著彼此心念相繫的他們。

只要我們好好地吃、好好地睡、好好地上學與工作，好好地過著平凡簡單的幸福生活，就是對離世的親人最好的安慰；**只要我們能夠心存善念，盡己所能去幫助別人，就是對在另一個世界的親人最好的幫助，因爲善的力量是超越世間的、是出世間的、是跨越生死界線的。**

偷偷說一下，如果離世的親人眞能與我們對話，到了另一個世界、已經明白一切生命運轉規律的他們，對我們唯一可能的重要叮嚀，就是心存善念，做一個簡單的好人吧。

人一輩子的幸福，取決於我們深刻接觸過的生命

時間回到民國一〇〇年六月的某個晚上，場景在臺中學儒補習班，民事訴訟法題庫班。

「各位同學，大家會不會熱啊？」

炎炎夏日，臺中學儒補習班教室裡，擠著滿滿準備要上我民事訴訟法題庫班的學生。雖然冷氣開很大，但人太多，所以還是稍嫌悶熱。我在上臺教課前，會習慣把原本吹向講師的電風扇，轉向給前排的學生吹，讓大家可以舒服一點，專心聽課。

九點半下課後，我立刻走路趕往火車站，必須搭到九點四十七分開往烏日高鐵站的區間車，才能順利搭到回臺北的高鐵。

正在等紅燈過馬路時，我身旁出現一位滿頭大汗、看起來也是要趕火車的女學生。

「老師好。」女學生氣喘吁吁地跟我問好，她應該是我剛才班上的學生。

「妳好啊，妳不是臺中人嗎？幹嘛這麼趕呢？」

在一起趕路的過程中，加上後來幾乎每次下課趕車時，都會遇到她，慢慢地，我對這位學生的背景有了更多的認識。

蠟燭多頭燒的媽媽考生

她叫黃薇潔，因爲家中突遭變故，無法完成學業，只有高中學歷，年紀很輕就已經結婚。老公家裡是開早餐店的，加上婆家在南投草屯，爲了要趕回去照顧孩子，然後隔天天還沒亮又要起床幫忙開店做生意，所以她每次下課後，就要像這樣拚命地趕火車回家，比我還要趕。這時的她，才剛生完第二胎。

薇潔當時僅有高中學歷，加上已婚、育有子女，應徵普通工作很不順利，但家裡有經濟壓力，她對於自己能否在競爭非常激烈的司法特考中脫穎而出，有著很深的自我懷疑。

薇潔告訴我，自從上了我的民訴題庫班課程後，很喜歡我的上課內容，也聽說過我的生命故事，於是上網看遍我的所有專訪，也認眞閱讀我的著作《年輕，不打安全牌》，對她有著很深的影響，也帶給她很大的力量。

然而，當年第一次參加執達員的司法特考，僅有三％左右的錄取率，薇潔落榜了。

原本想應該安慰她一下，沒想到，充滿鬥志的她寫了一張小紙條給我：「老師的生命故事影響了我的生命信念，讓我彷彿身在大海中抓到了浮木，讓我找到了人生的方向。我不再抱怨生命中的不如意，也不再懷疑自己；我相信自己一定可以辦到，我會再盡全力拚鬥一年。」

看著薇潔堅毅的眼神，我自己也深受震撼與感動。

就這樣，薇潔又過著照顧家庭、照顧小孩、趕補習班上課、趕車回家照顧小孩、清晨起床開早餐店，這般不可思議的、爲自我目標拚戰的生活。

又過了一年。

這次薇潔眞的做到了，她以總平均進步十二分的好成績，一舉通過二〇〇一年度四等執達員的考試，而且還是當年的全國第二名。

故事還沒結束，薇潔自己也沒想到的是，她的傳奇才剛剛開始。

堅持再堅持，才拿到司法官考試資格

薇潔準備司法考試的過程中，念著念著，對法律產生了濃厚的興趣。人的命運眞的很有趣，薇潔高中學的居然是美術。

更不可思議的是，她對自己立下了一個宏大的誓願：她要考取司法官，想要成爲一位捍衛正義的檢察官！

司法官特考——說實話，第一次聽到時，我也愣住了好久。

非法律圈的人可能不知道，此時的薇潔立下這個誓願是很搞笑的、根本不敢想像的——因爲她只有高中學歷，先不管考不考得上，連報名考試的資格都沒有。

很多身旁的朋友都嘲笑她，甚至連親友都不看好，要她好好當個執達員，賺的錢就幫忙改善家計就好。

薇潔跟我說：「我永遠記得老師說過的，簡單的事情重複做，做久了，就是一種不簡單。我相信只要我一步一步踏實走下去，一定會成功的。」

薇潔是一個老實、耿直的鄉下孩子，從小吃苦的生命歷程，淬鍊了她的性格，讓她認準了目標後，就死咬不放。

在考取執達員後，一〇二年，薇潔分發進入法院工作。

為了取得報考司法官特考的資格，薇潔除了在法院一邊工作、下班後一邊到補習班繼續補習外，還另外報名空中大學，補修大學學分，並報考四等書記官考試。

這已經不是蠟燭兩頭燒可以形容的。

薇潔順利通過了一〇二年四等書記官考試，再下一城。

然而，雖然順利錄取四等書記官，往司法官特考邁進一步，但分發後，隨之而來的繁忙工作，加上補習、大學學分、媽媽等多重角色，讓薇潔的身心來到了壓力承受的臨界點——類似全程馬拉松比賽的撞牆期。

所謂撞牆期，通常是指大部分馬拉松跑者在跑超過三十公里後的時期。此時跑者的體能、意志力都來到極限，雙腿就像掛著鉛塊一樣笨重，身心呈現極度疲勞、無力的狀態，甚至發生抽筋等無法繼續跑下去的情形。（以上內容引用自「98跑」）

「我是不是想要的太多？雖然每件事我都盡力去做，內心卻總覺得每樣都不及格，都沒做好。考試的壓力、空大的課業壓力、照顧孩子的壓力，讓我喘不過氣來。我真的能夠考上嗎？我真的是一個好媽媽嗎？」

一連串的壓力、自我懷疑的情緒籠罩心頭，讓薇潔的身體開始出現狀況，包含暈眩症、失眠、掉髮等。

「每當午夜夢迴、孩子入睡時，我不只一次想過是否應該放棄司法官考試，但總有個聲音告訴我，一定要堅持下去！」

薇潔告訴我：「每每在這個時候，我總會想起老師的生命故事。在那麼艱難的環境中，老師依然如此堅持、如此努力，我也想朝著老師的腳步邁進，走出自己的人生道路！」

薇潔沒有因爲巨大壓力停下腳步，而是讓自己的每一天保持穩定的日常，一天一天地過下去，一小時一小時地讀下去。

專家建議，進入撞牆期時，應該持續保持機械運動。全程馬拉松的特點是長時間處於機械運動狀態，一旦停下來，就很難重新啓動，再跑起來。所以，當運動員進入撞牆期後，絕不能完全停止運動，而是要適當降低配速，始終保持運動狀態，就算只是在原地小碎步慢跑也好。同時，出現「極點」時，要注意控制呼吸頻率和增進呼吸深度，有助於更快消除或縮短撞牆期的反應及持續時間。（以上內容引用自「98跑」）

終於，薇潔在一〇四年正式取得大學學歷，拿到了司法官特考的報名資格。

這對一個大學法律系畢業生來說，很平凡、沒什麼了不起，但對只有高中畢業的薇潔來說，卻歷經了四年多的千辛萬苦、千難萬難。

所以，薇潔很感恩、很珍惜，緊緊握住，不放手，直到目標到手！

義無反顧辭職，拿到律師證照

爲了讓自己可以專心準備司法官特考，薇潔做了一個非常大膽的決定。

她跟家人說，爲了準備司法官考試，所以辦理了留職停薪。

事實的眞相是，她辭掉了書記官的工作……

薇潔讓自己在毫無退路的情況下，毫無保留，全力爲司法官特考衝刺！

薇潔告訴我：「老師的書上寫過，爆炸性的壓力，才有爆炸性的進步！」

雖然家人知道的只是留職停薪，但親戚們還是免不了在背後閒言閒語，尤其在鄉下地方，親戚是一種很特別的物種，跟夏日白天的蟬、晚上的蟋蟀很像。

幸好有老公及家人的支持，讓她有了放手一搏的勇氣。

爲了讓自己可以安靜、專心準備考試，薇潔每天從早到晚窩在圖書館念書，就這樣過了一年多。

結果眞是太猛了！

薇潔展現了驚人的爆發力，在二○○五年一舉拿下了三等高考法制全國第二十九名，以及律師高考第十三名！

但，遺憾的是，這次的司法官特考，薇潔落榜了。

雖然通過了三等高考法制考試，也拿到了律師證照，但離薇潔內心眞正的目標還差一步。這一步看似很近，其實很遠……

內心受挫的薇潔，先到彰化縣政府法制局報到。

三等法制的工作與收入，已經讓絕大多數法律系畢業生羨慕不已了。

薇潔在法制局的同事，幾乎都是臺大、政大、臺北大學法律系畢業的高材生，加上準備司法官考試的路實在是太煎熬、太孤獨，法制的社會地位與穩定生活，讓薇潔的心有一些滿足，也有一些停滯了。

放棄高薪穩定工作，聽從內心的召喚

人終究很難抵擋內心深處命運的召喚。哪怕各種自私、怠惰情緒的干擾，只要我們靜下心來，都能隱微聽見內心太陽的感召與指引，讓我們稍作停歇後，繼續起身、前行，走上命中注定的道路。

從法制工作中，透過研究法律個案的過程，薇潔感受到自己對司法官工作挑戰的熱情依舊不減。慢慢地，她感受到法制的穩定生活不是自己眞正想要的。薇潔告訴自己，不應該再被安逸生活給綑綁，更不應該被任何自我懷疑干擾。

薇潔再一次奮起，一定要證明自己！

她又回到白天工作、晚上及假日補習的日子，沒日沒夜地苦讀，幾乎把所有考試爭點及法院實務見解全部理解後背下來。其實，薇潔一直覺得自己並不聰明，只能老老實實一步一腳印讀下去、背下去、準備下去。

薇潔說：「老師，我真的盡力了，我甚至不知道如果今年沒有錄取司法官考試，自己是否還有勇氣再考一次。每當我累到筋疲力盡，快要失去盼望時，我都會想起您說過：**『當我努力到連我自己都感動的那一瞬間，我相信老天一定會在關鍵時刻幫我一把！』**」

我在臉書動態上，看到薇潔的好朋友黃小如在薇潔的貼文下留言，想要在考試當天去陪考、去給薇潔加油打氣。她問薇潔，有特別想吃什麼或幫忙帶什麼過去嗎？

薇潔留言回答：「請幫我帶法羽老師的親筆簽名書，那是我的幸運物。」

看到薇潔的留言，我內心一暖、鼻頭一酸，眼眶有些濕潤……默默地按了一個讚。

民國一〇六年十一月二十四日，司法官特考第二試放榜的那一天，老天真的在關鍵時刻幫了薇潔一把——她以全國第二名的驚人好成績，錄取了司法官考試！

這一天，薇潔創造了自己的生命故事，一個激勵無數平凡人的傳奇故事。

薇潔考上後，眞摯地表達了對我的感謝。她說：「老師書裡的一字一句都深刻地激勵著我、指引著我。每當我走在彷彿看不見未來的道路上時，老師的文字總能心有靈犀地閃現，給了我繼續走下去的力量。」

其實，我自己才更要感謝薇潔。因爲她，讓我感受到自己生命的存在意義，讓我更深一層地相信，一個人活在這世界上，能夠透過文字與思想，超越時間、空間，時時刻刻去陪伴、幫助、影響無數的人，是很珍貴、難得的好緣分。這樣的生命連結讓我感到很幸福。

人一輩子的力量、成就與幸福，取決於我們曾經深刻接觸過的生命。

薇潔在寫給我的信裡寫道：「本來我的人生信念在充滿荊棘的命運折磨下，快要遺失、消散了，但在老師的故事中，我看到了希望。老師平凡、艱困的出身與生命歷程，跟我很像，讓我有很深刻的共鳴。在閱讀老師的書後，很奇妙地，那些看似平凡的一字一句逐漸地烙印在我內心深處，有著某種說不出口的力量，重新照耀我的生命，也讓我慢慢地拾回那些人生信念，才有了今天的我。」

薇潔希望她的故事可以透過我的文字，分享給無數有緣分的讀者，期盼大家都能永遠保持陽光、希望、不向命運低頭的人生信念。

成爲無數人生命黑暗裡的光

佑成的爸爸是一位派報員，媽媽是平凡的家庭主婦，下面還有一個弟弟。

在以前網路還不發達的時代，派報業是廣告宣傳的重要行業，專門僱用派報員挨家挨戶將廣告傳單派送至家家戶戶的信箱。

派報員是很辛苦的勞力活，每派一份傳單只能賺取微薄的幾毛錢；即使拚命工作，也僅能賺取三餐溫飽的收入。

佑成的爸爸就是一名派報員，是個勤奮的老實人，爲了讓一家四口吃飽，總是沒日沒夜拚命工作，在極爲炎熱的夏天常常忙到中暑，而在急忙派報的過程中被舊信箱割到手破血流，也是家常便飯。

小時候家裡難得買了一台冷氣，佑成的爸爸媽媽爲了省錢，發揮冷氣的最大效能，要求全家人都回到家、一起聚在狹小的客廳後，才能開冷氣，每次定時兩個小時。

雖然全家人住在一間狹小的老舊公寓，還是一間海砂屋，但在貧困儉樸的生活裡，也孕育了佑成奮發向上的性格，希望努力讀書，長大後可以賺很多錢給爸爸媽媽過上好日子。

第一名的瓶頸

佑成從小就對法律有著濃厚的興趣，希望長大後成爲一位律師。

佑成的高中聯考考得並不理想，連前三志願都沒有，只考到離家算近的明倫高中。

高一的全校第一次週會，讓佑成留下極爲深刻的印象，也讓他立定三年後考大學的志向。

那天，王校長請所有人閉上眼睛，然後說：「不要偷看別人喔，自己問自己就好。覺得自己高中沒有考好的同學，請舉起你的右手。」

佑成緩緩地舉起了自己的右手，並偷偷瞇著眼看其他同學，發現絕大多數人都舉手了……

校長接著問：「三年後想要考上臺大、政大、清大、交大、成大的人，繼續舉著手，其他人放下。」

佑成依舊高舉著手，瞇眼偷看後，發現雖然有一小部分的同學放下手，但還是有七成以上的同學跟他一樣舉著手。

「好了，大家手放下來，眼睛可以睜開了。」

接著，校長說明剛剛要大家舉手的原因：「絕大多數的同學都認為自己是因為考不好、失常了才淪落到我們明倫高中來。依照過往我們老師教學的經驗，我們明倫高中的高一新生程度確實也不差，在聰明才智上幾乎不遜於前三志願的同學，剛入學時也都像現在的你們一樣，鬥志高昂，想要在三年後扳回一城，證明自己。但，為什麼三年後的榜單卻不如人意呢？高一時問大家三年後想要考取的大學，絕大多數跟你們一樣，都想要拚進臺大、政大、清大、交大、成大；但到了高二，鬥志就弱化了，只要求有國立大學就好；到了高三，則是連鬥志都談不上了，只要上得了好一點的私立大學就好。」

校長嘆了口氣，接著說：「因此，究竟是學生先天的聰明才智，決定了自己的未來？還是三年持續的努力與鬥志，決定了自己的命運？我相信，答案已經不言而喻。」

校長的這番訓誨，讓佑成如雷貫耳，當下立志以考取文組全國第一志願臺大法律系爲目標。

這句大話眞的很大，因爲明倫高中創校幾十年來，還從未有人應屆考取臺大法律系。

從高一就很拚的佑成，到了高二，成績已經很明顯地與同學拉開距離。

一次又一次的全校第一名，佑成慢慢感受到自己的信心，也慢慢有種自然流露的傲氣，覺得自己好像眞的很有實力，畢竟老師與同學都說自己很厲害。但說來矛盾的是，也只有佑成自己內心能感受到某種隱微說不出口的瓶頸……

「明倫高中的全校第一名，能贏過建中、北一女中的頂尖高手嗎？能考上全國第一志願臺大法律系嗎？」佑成在無數次午夜夢迴時，內心不斷縈繞著這個疑問。

一直以來，因爲家境的關係，佑成都是靠自己努力，沒有去補習班；而當自己一次次取得好成績後，也相信靠自己就可以，甚至有些鄙視補習班。

每次接到補習班打來的招生電話，他總是視爲練習辯論口才的機會，只要可以讓不長眼的補習班招生人員被他的好口才辯得接不下話，他就會覺得很有成就感，也充當念書休息時的娛樂活動。

直到高二下學期的某一天晚上，佑成接到了一通補習班的招生電話，原以爲可以跟以往一樣，好好電一下電訪人員，順便練一下口才；沒想到，這通電話竟然徹底改變了佑成的命運。

這是一通來自選才赫偉全科班的電話。

聊到佑成未來希望考取的學校時，他霸氣地回答：「臺大法律系。」

沒想到電話那頭沉穩地回答：「我就是你臺大法律系的學長。」

「臺大法律系畢業，打招生電話？」

「我不只是你臺大法律系的學長，也是一位執業律師。」

「律師，打招生電話？」

「我知道你是明倫高中的全校第一名，又想要考上臺大法律系，聽說這將是你們學校的創校第一人——有趣、很有趣，這代表你跟我有些緣分。雖然你現在成績還不錯，但我可以斷定目前的你是不可能考上臺大法律系的。」

「不可能?!你憑什麼這麼說？」

「因爲你雖然是全校第一名，但你對自己能否贏過建中、北一女的頂尖高手並沒有信心，而且你也從未面對面與他們較量過。如果你繼續沉浸在明倫高中全校第一名的虛榮中，一年後，你就會知道自己到底是英雄，還是狗熊。」

「……」佑成被一語道破心魔後，若有所思地沉默著。

「我是三重高中第一屆的學生，我高三就應屆考取第一志願臺大法律系；在臺大拿到書卷獎後，大四一畢業就應屆考取律師證照。**你想走的路，我都走過，你想贏，就應該跟眞正有經驗的頂尖高手學習——那就是我。**」

「三重高中！臺大法律系！書卷獎！應屆考取律師證照！」電話那頭的佑成有點愣住，說不出話來。

「沈赫哲老師與劉駿豪主任是我老闆，說我的成長故事很有正向影響力，有空沒事時，可以喝咖啡打打招生電話，跟學生聊聊天。」啜飲了一口咖啡，這位老師繼續說：「聽明倫高中的學生說，學校有一位很臭屁的強者，就是你，所以今天晚上我專程打給你。有沒有興趣聽聽我是怎麼考上的？」

「想，當然想！」佑成毫不猶豫，大聲回答。

佑成聽完這位老師的分享，上網查了新聞媒體報導他的生命故事後，內心非常激動、無比震撼。

「只有爆炸性的壓力，才有爆炸性的進步！」這位老師說過的話，取代了佑成內心所有的疑問與雜音，他找到想要跟隨的人了。

佑成立刻決定報名補習班。這是他第一次被一個人驚人的意志力量所懾服，想要報名不爲別的，只希望能夠緊緊跟隨在這位老師的身邊學習。佑成相信，這是他考取臺大法律系的關鍵決定。

但全科班高昂的學費，讓佑成的母親很兩難。沒想到，佑成竟然直接向母親下跪，告訴母親，自己願意拿出從小過年存下、分毫未動的壓歲錢，來幫忙出補習費。

母親被佑成的堅持說服了，決定讓佑成報名補習班。

從進入補習班的那一刻起，佑成找到了考上臺大法律系最後、最關鍵的那塊拼圖，也在這位老師的嚴格訓練下，一步步從業餘選手成爲職業選手。

剛開始進來前三志願班，佑成受到很大的挫折，因爲面對很多建中、北一女的頂尖高手，他才感受到人外有人、天外有天，也感受到自己曾以明倫高中全校第一名爲傲的幼稚。

爲了顯示決心，佑成竟然剃了個大光頭，還在自己明倫高中的書包上，用立可白寫上大大的「臺大法律」四個字。

這是他自己的決定，跟這位老師無關——但這樣的帶種，還是值得稱讚啦。

經過一年多的魔鬼訓練，佑成憑藉著努力與意志力，不僅贏過了前三志願班的頂尖學生，也完成自己的夢想，並創下明倫高中的紀錄。

佑成如願考取文組的全國第一志願——臺大法律系，成爲我的學弟。

沒錯，這位老師就是當年的補教老師——許法羽，也就是我。

佑成告訴我，放榜那天，父親買了好幾大串的鞭炮，在街頭巷尾開心地放著，而母親接受鄰居祝賀時臉上的笑容，則讓他自己感動到眼眶泛紅。那天晚上，父親在海產店請吃飯，大口大口喝酒，晚上回家躺在床上一直說著醉話，一直說好爽啊、太爽啦……

聽說，明倫高中在學校大門口掛了一整年的榜單紅布條。

利他，比證明自己還要幸福快樂

佑成很珍惜自己可以進臺大法律系學習的機會，從大一就很努力；四年後，也在大學畢業當年順利考取了律師執照。

佑成的父母親很以他爲榮，他們家從那一刻起，也將由佑成承擔起改變家庭貧窮命運的責任。

十多年後的今天，在臺北車站的誠品書店，佑成遇到了沉浸書海的我，從身後禮貌地與我打招呼。

現在的佑成已經是一間新創律師事務所的主持律師，父母都退休了，因爲佑成已經履行了承擔家計的責任。現在兩老每天只是不斷叨念著，要他趕緊找到對象，生孫子給他們抱啦。

佑成說：「雖然很久沒有與老師聯繫，但從大學時期到現在，我用心蒐集了老師一個又一個媒體雜誌專訪，剪下來後貼在書桌前；每逢自己想要偷懶時，抬起頭來看看老師的故事，就會找到繼續走下去的動力。眞的眞的非常感謝老師的存在，不斷帶給我力量，不斷引領著我前進，讓我知道自己應該成爲一個什麼樣的人。」

我常問學生，人一輩子當中，什麼樣的人會發自內心希望我們成功，希望我們幸福快樂，甚至希望我們比他們還成功、比他們還幸福快樂？答案就是，父母與老師。

在我年紀很輕時，還無法深刻體悟到這個道理，直到我自己成爲父親、成爲無數人的老師後，逐漸地體悟了其中的奧妙與智慧。

只要我們曾有過類似幫助別人成功、正向影響別人的生命經驗，哪怕只有一次，我們就會明白這種遠比證明自己還要幸福快樂的感動。

對我的生命故事稍微熟悉的讀者會發現，佑成與我的成長歷程很相似，這代表我們有緣，也代表他有可能把我所說的話聽進心裡。

當我能夠把佑成教好、帶好，並且持續影響著他，讓他成爲一位可以奉獻社會的人才時，就是把原本小小的好緣分，變成利益無數人、大大的好緣分。

法羽幫的孩子也曾問我：「爲什麼老師願意十幾年來這樣無私地教導我們？」

我回答：「因為我知道有一天你們都會超越我，有一天你們可以幫助更多的人。」

一個眞正的強者，不是用盡一生來證明自己很厲害，比別人強，而是**懂得消融自我，參與無數人的生命，讓每一個與他生命有緣的人能夠成功、能夠利益他人、能夠過得幸福快樂。**

人生最大的成就，就是讓自己的存在本身，像太陽般持續燦爛閃耀著，在無數人的生命歷程中，不斷給人信心、給人希望、給人幫助、給人幸福，成為無數人生命黑暗裡的光。

圓神出版事業機構 Eurasian Publishing Group
用心與你對話・視野無限寬廣
方智出版社 Fine Press

www.booklife.com.tw reader@mail.eurasian.com.tw

自信人生 172

積善：生命的改變，始終源於心念

作　　者／許峰源
發 行 人／簡志忠
出 版 者／方智出版社股份有限公司
地　　址／臺北市南京東路四段50號6樓之1
電　　話／（02）2579-6600・2579-8800・2570-3939
傳　　真／（02）2579-0338・2577-3220・2570-3636
總 編 輯／陳秋月
副總編輯／賴良珠
主　　編／黃淑雲
責任編輯／溫芳蘭
校　　對／黃淑雲・溫芳蘭
美術編輯／林韋伶
行銷企畫／陳禹伶・朱智琳
印務統籌／劉鳳剛・高榮祥
監　　印／高榮祥
排　　版／杜易蓉
經 銷 商／叩應股份有限公司
郵撥帳號／18707239
法律顧問／圓神出版事業機構法律顧問　蕭雄淋律師
印　　刷／祥峰印刷廠
2021年3月　初版
2024年3月　19刷

定價320元　ISBN 978-986-175-583-0

最強大的人，不是做他喜歡、熱愛做的事，
而是能夠做他內心覺得應該做的事。

——《內心的太陽一直都在》

國家圖書館出版品預行編目資料

積善：生命的改變，始終源於心念／許峰源 著 . -- 初版 .
-- 臺北市：方智出版社股份有限公司，2021.03
240面；14.8×20.8公分 --（自信人生；172）

ISBN 978-986-175-583-0（平裝）

1. 修身　2. 生活指導

192.1　　　110000382